いつも仕事が頭から離れなくて気が休まらない……
それ、すべて過緊張です。

精神科医・産業医
奥田弘美

フォレスト出版

はじめに

多忙すぎ、困難な状況……
高ストレスで緊張がほどけない状況が「過緊張」

本書を手に取っていただいたあなたは、きっと常に何かが気になっていて、「緊張がほどけない」「リラックスできない」と感じている方だと思います。

そしてその状態が、少しずつ苦痛になってきているのでは？

例えば……

「仕事が終わって家に戻ってからも、職場での出来事が頭から離れず、なんだか落ち着かない」

「あのときの自分のした対応が、ちょっとまずかったかなあと気になって、休日もふっと不安になる」

「顧客や上司、同僚からいわれた言葉を、何回も思い出してしまいイライラして、家族にあたってしまう」

「明日しなくてはならない仕事のことが、夜寝る時間まで、ずうっと気になって寝つきにくい」

などなど。


その苦痛は、放っておいてはいけません！

なぜならば、それはいわゆる「過緊張」と呼ばれる状態であり、その状態が続くと、高確率で心や身体に不調が起こってくるからです。

過緊張は、正確に表現すると「ストレスにより交感神経系の緊張が過度に続いている状態」です。

過緊張は、仕事をしている人なら、誰しもが日常で経験します。

私は精神科医としては約25年、産業医としては約12年、日々多くの働く人のメンタルケアに関わっていますが、かくいう私自身も過緊張に時々陥ります。

仕事の負荷や心労が増えてきたり、人間関係がうまくいかなくなってきたりすると、おどろくほど多くの人が容易に過緊張になってしまうのです。

この過緊張が、早めに、自然に、解消されれば、基本的に問題ありません。

しかしうまく解消されずに、週単位、月単位で継続してしまうと、必ずといっていいほど、心身に本格的な不調があらわれてきます。

なぜならば、過緊張が続くということは自律神経系のバランスの乱れが続くということであり、それが長引けば長引くほど「自律神経失調」状態になるからです。

自律神経失調状態になると、頭痛、めまい、腹痛、微熱、ひどい倦怠《けんたい》感などの身体の不調や、不眠、気力低下、集中力低下、憂うつさなどの心の不調が本格的に出現してきます。そして仕事をはじめ日常生活が、正常に送れなくなってくるのです。

あなたが本書を手に取ったということは、「この過緊張を、ちゃんとケアしてくれ！」という心や身体からの無意識のメッセージだと思います。


さあ、今からすぐに過緊張ケアを始めましょう！

過緊張ケアが早め早めにできるようになると、心や身体の不調を未然に防止することができるようになります。

そして良い体調や、気力・集中力をコンスタントに維持できるため、パフォーマンスが継続して出せるようになります。

精神科医、産業医として長年にわたって働く人を見てきた私が感じるのは、長い仕事人生において、「安定したパフォーマンスを着実に積み重ねていくこと」こそが、最も大切だということ。

一時期には、心身に鞭《むち》打ちながら必死で頑張って大活躍。だが、そのあとに体調を崩してしまい、仕事で思うような成果が出せなくなった。

さらに体調不良が悪化してしまい、長期の戦線離脱を余儀なくされてしまった。

……こうした状態になると、会社にとって大きな損失になってしまいますし、ご自身のキャリアにとってもつらい痛手となってしまいます。

かたや「仕事が安定的にできる人」「ムラなくコンスタントに成果が出せる人」というのは、上司やクライアントから「あの人に任せておけば、いつもきちんと仕事を仕上げてくれるので安心だ」と、大きな信頼を獲得できます。そしてその状態が積み重なっていくほどに評価も必然的に高くなります。

つまり「仕事がデキる人」は、「自分で自分の心身のケアがデキる人」といっても過言ではないのです。

本書には、精神科医・産業医としての知見、経験から導き出した過緊張ケアの方法を、あまねく書き綴《つづ》りました。これらの方法は、私自身も実践していることばかりです。

ぜひ本書を活用して、あなたの長い仕事人生の幸せな成功のために、過緊張ケアを今からスタートしてください。

精神科医・産業医　奥田弘美

※本書では、たくさんの事例を提示していますが、すべて個人・属性が特定できないように個人情報を随所で加工しています。

目次

第2章

過緊張になりやすい人、なりやすい環境とは？

第3章

過緊張症状を自覚したときにすぐにやるべきセルフケア

第4章

ドクターも実践している！ 過緊張を予防するための日々の習慣

第5章

過緊張になりやすい性格タイプ別アドバイス

図表

第1章

「過緊張」は、誰にでも忍び寄る。こんな症状をあなたは感じていませんか？

産業医として一番よく遭遇するのは「過緊張」な人々

病気レベル一歩手前、二歩手前の人が多い

私は現在、首都圏の約20社の企業で嘱託産業医を担当しています。職種は、IT系企業、アパレルや化粧品のメーカー、広告代理店、放送業界など、多岐にわたります。

月に1回から2回ほど、各企業を訪問し、健康診断結果のチェックや職場巡視で安全衛生面をチェックするほか、長時間労働者の面談や、体調不良者や高ストレス者の面談、休職者の復職判定面談などを行い、あらゆる年齢層の働く人々の心身の健康をサポートするのが、産業医としての主な仕事です。

特に私は精神科が専門であるため、担当している企業からは、メンタル不調者の面

談や相談を非常に多く依頼されます。

15年ほど前にメンタルクリニックや精神病院で診療だけをしていたころは、私の目の前に現れる患者さんは、すでに「病んでいる人」でした。

ひどい不眠や、抑うつ、食欲不振、気力の低下などで、仕事はおろか日常生活すら普通に送れなくなっているという、「病気レベル」の人がほとんどでした。

しかし、産業医をメインに仕事をするようになってからは、「病気レベル」の一歩か二歩手前の人にも、数多く出会うようになりました。

その中で圧倒的に多いのが、過緊張の症状を出している人たちなのです。

クライアントの担当者にネチネチ責められ……

例えば、つい最近出会った高ストレス者のTさん（28歳・男性）。ストレスチェックの結果、高ストレスと判定され、産業医面談を申し込んできました。

TさんはIT企業のエンジニアです。チームで担当しているクライアント案件で、予期せぬシステムの故障がおこったため、月70時間を超える時間外労働が約2か月ほど続いていました。

またそのクライアント先の担当者の物言いが、非常にきついらしく、「こちら側の非を、ネチネチと責めてくる」とのことでした。

面談室に入ってきたときから、Tさんは、どんよりとした疲れた表情で、笑顔が全くありません。面談中も気だるそうな雰囲気を終始漂わせていたTさんでしたが、私は、あれこれ多方向から質問を行い、次のような言葉を引き出しました。

「仕事を終えて帰宅している途中も、クライアント先の担当者から言われた言葉が、なかなか頭から離れないんです」

「だから、食欲があまりわかず、残業で夜も遅いから、夕食はめんどくさくなって食べないか、食べたとしても、コンビニのおにぎり1個で済ませてます。ランチは同僚と普通に食べてますけどね」

「夜、眠る前にも、明日の仕事の段取りが気になって、何度もパソコンやスマホでチェックしてしまうので、ベッドに入るのがついつい遅くなってしまって……この2か月ほどは、睡眠時間は普段より1~2時間減ってますね」

「疲れているので寝つきは悪くないんですが、ここ最近は、仕事の夢をたくさん見るようになって、なんとなく眠りが浅いんですよね。なんだか熟睡ができていないようで、朝起きても、身体が気だるく感じます」

「クライアントの担当者に、またきつい言葉を言われたらどうしようって、ふと不安に襲われます。上司は『あの人は、もともと性格がちょっとアレだから、気にするな』って言ってくれるけど、最近、ちょっと会社に行くのが憂うつだなあって思う日が増えてきてます」

過緊張は心身からのイエローサイン

まさにTさんには、過緊張の初期症状がいくつか出ていました。この初期症状が改善されず、今後も長期化していくと、さらに症状は悪化していくことは確実です。

私はTさんに、過緊張という「心身からのイエローサイン」が出ていることを説明し、

・このまま放置したら、不眠症やうつ病になるおそれがあり、大変危険であること
・まずは帰宅したら一切、仕事関係のスマホやパソコンには触らないで、リラックス

を心掛けること
・食事をおろそかにせずに、栄養バランスを考えて少量でもきちんと食べること
加えて睡眠を深くするためのアドバイスなどを行いました。

また即刻、会社側には、「Tさんの仕事量を軽減し、残業をしばらく免除すること」「問題のある担当者との対応は極力免除し、どうしても必要なときはTさん一人で担当させず、必ず上司が入ること」などを意見しました。

幸い、会社側はすぐに私の意見に従ってTさんの仕事や残業を軽減してくれました。またTさん自身も素直に私のアドバイスを受け入れて、過緊張ケアを行ってくれたことで、次月に面談したときには、過緊張の症状は、かなり改善していました。

「あのキツい担当者と、しばらく直接話をしなくてもいいと言われて安心したのと、仕事量を減らしてもらって早めに家に帰れるようになったので、余裕をもって食事や入浴ができるようになりました。先生からのアドバイスを実行したら眠りが深くなって、朝の嫌なだるさも取れてきました」

Tさんは、先月とは打って変わった若者らしい生気の戻った笑顔で報告してくれたのでした。

過緊張を放置していると、本格的な病気が発症する！

過緊張は本人と会社の迅速な対応が必要に

さて、あなたにも、Tさんと似たような過緊張の経験はありませんか？

私は産業医になってから、このTさんのような過緊張の症状を出している社員に、数限りなく出会ってきました。

Tさんは幸い過緊張の症状が出始めた初期に産業医面談を受け、かつ会社側も産業医の意見に従って迅速に業務の配慮を行ってくれたため、大事に至りませんでしたが、症状が悪化して休職に至った社員も、私は何人も見てきました。

運悪く、産業医面談に初期段階でつながらなかったり、会社が産業医の意見に迅速に従ってくれなかったりしたケースです。

また中には、本人が不調であることを受け入れず、無理して仕事をし続けてダウンしたケースもありました。

厳しい体制下で本人が過緊張であることを認めたがらないケース

私が産業医になって間もないころに担当した企業での、苦い思い出を一つご紹介しましょう。

そのころは、まだ働き方改革関連法案が成立する前で、月80時間以上の時間外労働が日常的に発生している企業が、数多く見受けられました。

(※2018年6月、「働き方改革関連法案」が成立し、2019年4月から「働き方改革関連法」が順次施行され、時間外労働の上限規制の導入や、違反した企業に対する罰則の強化が課せられるようになった)

私が産業医として担当していた都内の某税理士法人も、そんな長時間労働が常態化している企業の一つでした。

月80時間超えの残業は日常茶飯事で、月100時間超えで残業する社員も珍しくないというありさま。

若手税理士をたくさん抱えている税理士法人で、頑張って成果を出すほど給料や職位があがっていくというインセンティブ制がとられていたようで、働いている社員も周りと競争を余儀なくされ、クライアント獲得と業績を上げることに必死でした。

産業医には労災認定基準（1か月100時間以上と、3か月連続80時間以上の時間外労働）を超えそうな社員を会社がピックアップして形式的に面談させていましたが、いくら産業医が意見しても、会社側は改善するつもりなど「全くなし」というひどい状態でした。

そんななかで長時間労働面談した税理士の女性Sさん（33歳）は、面談に入ってきたときから顔色が悪く、つんと尖《とが》った表情をしていました。

話を聞いていくと、残業は毎日4時間以上という状態が半年以上ルーティン化しており、睡眠時間は毎日3時間ほどとのこと。

「毎晩、夜10時すぎに帰宅するので、それから食事して入浴して洗濯すると、眠るのはだいたい、午前2時ごろです」

「早朝のミーティングや社内勉強会にも参加しなくちゃいけないので、朝は5時に起きて出勤してます」

と、早口で話します。

明らかな睡眠不足状態であることを指摘すると、

「それは自分でもわかっているので、昼休みには15分ほど机につっぷしてパワーナップ（昼寝）をとっています。休日は7時間ぐらい寝ていることもあるから、これで大丈夫なんです」と一蹴。

日中頭がボーッとするなど、集中力が落ちていないかと聞くと、

「昼食後とか、夕方を過ぎて疲れてくると、誰でもそういう感じになりますよね？」

とイラッとした様子で返答します。

彼女のとげとげしい雰囲気に圧倒されながらも、さらにあれこれ質問すると、肩こりがひどくしょっちゅう頭痛に悩まされており、月経が不順になっていて、耳鳴りやめまい感を頻繁に感じているようでした。また常にピリピリとした性急な話し方をされ、ちょっとしたことでイライラが見え隠れすることも気になりました。

私が長時間労働により睡眠不足が続いていて身体が過緊張状態になって悲鳴を上げていることを伝えても、「とにかく今は、担当しているクライアントを手放せない

し、この仕事をやり遂げないことには、私の評価も上がらないから、やるしかないんです」

せめて朝の勉強会やミーティングは休ませてもらって、睡眠時間を増やすようにしては？　と提案しても、「そこもキャリアのために外せない大切な評価ポイントだから」と頑として受け入れませんでした。

駆け出しの産業医だった私は、彼女をうまく説得するスキルもなく、会社あてに「疲労が蓄積して体調不良が出現しており、感情も不安定になっているようだから、早急に仕事量や残業を減らすこと」といった内容の意見書を出すしかできませんでした。

しかし、長時間労働が常態化していた会社側が、その意見書を真摯に扱うはずがありません。人事担当者に、「Sさんの朝のミーティングや勉強会の出席をしばらく免除しては？」と提案しましたが、「本人がやりたがっているんだから、止められないでしょ！」とあっさり却下されました。

結局Sさんは、長時間労働状態をさらに数か月続けた結果、ある朝、起床時にひどいめまいを起こして立ち上がれなくなり、救急搬送されてしまいました。

診断名は「メニエール病」。

重症のメニエール病だったらしく、Sさんはしばらく入院して治療することになり、数か月にわたる休職を余儀なくされたのでした。

このSさんのように過緊張症状が出ていても、適切な過緊張ケアが早期になされなかったケースでは、過緊張の症状が長引いて悪化していき、本格的に病気レベルに移行してしまうことも少なくありません。

何度も繰り返しになりますが、過緊張は放置しておいては、絶対にいけません。

身体の病気であれ、メンタルの病気であれ、あらゆる病気は、「早期発見、早期治療」が鉄則です。

そのためにも、あなた自身が、早めに過緊張状態に気づいて、適切に「過緊張ケア」をすることが大切なのです。

過緊張チェックをしてみよう

軽度の過緊張で対処したい

早期に過緊張に気づき、過緊張ケアをスタートするのに欠かせないのが、ご自身に現れる過緊張の症状に素早く気づくということです。

まずは、あなたが現在、過緊張の状態かどうか、過緊張チェックをしてみましょう。

次ページ表1-1のような過緊張チェックリストを作ってみました。

前半は、軽度の過緊張の症状チェックリストです。いわば「過緊張になりかけている」もしくは「過緊張症状かもしれない」という状態をチェックするリストです。

後半は、本格的な過緊張症状が出現しているリストです。すでに過緊張の症状が出

表1-1　過緊張チェックリスト

☑ 当てはまるものにすべてチェックを入れてください。

軽度の過緊張

	最近、緊張したり気を遣ったりすることが増えて、気分が休まらない。
	とにかく忙しく、常に時間に追われている気がして、気持ちがソワソワしている。
	家にいても、常に仕事のことが気になって落ち着かない。そのため家族とのだんらんや一人の時間を十分に楽しめなくなった。
	帰宅しても、日中にあった出来事が、しょっちゅう頭に浮かんできてリラックスできない。
	寝る前に、仕事のことが気になってあれこれ考えてしまい、寝つく時間が遅くなり睡眠不足が続いている。
	自宅で休息や気分転換が十分にできず、休み明けも疲労が残り何となくすっきりしない。
	気持ちに余裕がなくなり、イライラや不安を感じやすくなった。
	肩こり、首こり、歯の食いしばりなどが、ひどくなっている気がする。
	以前より夢をよくみるようになり、熟睡できていないように思う。
	お通じが乱れてきた。便秘または下痢気味になる日が増えている。
	気晴らし目的での甘いものやアルコール、コーヒーなどのカフェイン類の摂取が、明らかに増えている。

本格的な過緊張

	仕事のことなどが気になり、床に入ってもなかなか眠れない。寝つきに1時間以上かかるようになり、睡眠不足が続いている。
	睡眠の途中で何回か目が覚めるようになり、一度目が覚めるとなかなか寝つけない。
	気になっている事（仕事や人間関係など）が夢に何度も出てくるようになり、寝ているのか起きているのかわからない状態になっている。
	寝ても疲労がとれず、倦怠感が強くなり、仕事に行くのがつらい日が増えている。
	疲労がとれないため、頭がボーっとすることが増えた。ときには軽いめまいやふらつきを感じることもある。
	感情コントロールがうまくできなくなってきている（ついカッとして声を荒らげてしまう、些細な出来事でも人前で涙が出る、強い自己嫌悪を感じて仕事が止まってしまうなど）。
	集中力が続かなくなり、ケアレスミスや忘れ物が多くなった。
	頭がボーっとして思考力が落ちてしまい、普段のペースで仕事をさばけなくなってきた。
	気力低下が強くなり、仕事や日常生活がうまく回らなくなってきた（遅刻や欠勤が増える、家事が以前のペースでこなせない）。
	胃もたれ、胃痛、腹痛、ひどい便秘や下痢といった消化器系の異常が続いている。
	はっきりした原因がないのに、持病の腰痛や関節痛などの痛みや、高血圧、糖尿病が悪化している。
	動悸や息苦しさを頻繁に感じる、または、37度程度の微熱がよく出るようになった。
	頻繁に風邪や気管支炎、胃腸炎を繰り返すようになった。
	ひどい肩こりが続き、頭痛やめまいが頻繁に起こるようになっている。
	異常な発汗や、手足の冷え、しびれなどが続くようになった。

てしまい、心身に不調があらわれている状態をリストアップしました。順番にチェックしていってください（過緊張以外の身体の疾患で起こっている可能性もあります）。

いかがでしたか？

「軽度の過緊張」にあげた症状は、おそらく仕事をしている人ならば、一度は感じたことがあると思います。

実は私自身も、軽度の過緊張にはしょっちゅう陥《おちい》ります。

産業医業務や医師業務で難しいケースに遭遇したり、カウンセリングがうまく進まなかったりすると、私の場合は、帰宅してからもそのことが頭から離れなくなり、夕食や入浴をしていても、ついリラックスできなくなります。そして確実に寝つきが悪くなります。

この段階で、「あ、過緊張になりかけているな」と気づいて、過緊張ケアができれば、ほとんどが大事には至りません。しかし軽度の過緊張状態に気づかずに、その状態が長引いていくと、本格的な過緊張症状が発生してしまいます。

「本格的な過緊張」にあげた項目は、その代表的な症状です。ここまでくると、もはや何らかの病気が発生している可能性が大きくなります。

これらの症状が出てしまい、かつ「２週間以上改善する様子もなく続いている」という状態であれば、医療機関で受診されたほうがいいでしょう。

「本格的な過緊張」症状の上から９番目までは、精神科や心療内科を標榜《ひょうぼう》しているメンタルクリニックや病院の外来を受診してください。

なお次の項で詳しく解説しますが、過緊張は「ストレスにより自律神経系の交感神経が過度に緊張しているために起こる」症状の通称であって、正式な医学の「病名」ではありません。

受診される場合は、「過緊張の症状が出ています」と言うだけではなく、「仕事のことが気になって夜が眠れなくなってきていて、身体の倦怠感がとれません。仕事に行くのもつらくなってきています」などと、具体的な症状を告げるようにしてください。

正式な病名は、診察した医師が診断して決定されます。おそらく強く出ている症状に応じて、「不眠症」、「自律神経失調症」や、「抑うつ状態」や「うつ病」、「適応障害」といった病名が付く可能性が高いと思われます。

本格的な過緊張状態は早めに受診を

過緊張チェックリストの上から10番目以降の症状は、身体の症状がメインですので、まずは該当する身体科の受診をして異常がないか精査してもらうことが必要です。

消化器系の異常、動悸《どうき》、息切れ、微熱といった症状ならば、内科をまず受診して、診察を受けてください。

頭痛が強い場合は、脳神経外科や頭痛外来、めまいがひどい場合は、耳鼻咽喉科やめまい外来がおすすめです。

こうした身体科で精査を受けて、「身体的には異常がないので、おそらくストレスでしょう」となれば、次に精神科や心療内科を受診して相談しましょう。

また「とりあえず身体の治療はしますが、ストレスによる精神症状も強いのでメンタルクリニックも受診してみては?」と勧められる場合もありますので、その場合も精神科や心療内科を受診してください。

はじめから睡眠の異常や身体的な異常がミックスしている場合は、精神科・心療内科の受診と、身体科の受診を同時に行っても全くかまいません。その際は、双方の主治医に、他院も受診していることを必ず告げるようにしてください。

過緊張の正体とは？

交感神経が過度に緊張している症状

先の項でも書きましたが、過緊張とは、「自律神経系の交感神経が、ストレスにより過度に緊張しているために起こる症状」の通称であり、正式な医学病名ではありません。

ここでは過緊張がどのようにして起こるのか、その仕組みを解説したいと思います（すでに自律神経系について詳しい医学的知識をお持ちであるという方は、ここは飛ばしていただいてかまいません）。

人間の身体には、基本的な生命活動をつかさどっている自律神経系という重要な神経系があります。

自律神経系は、循環、呼吸、ホルモン分泌、排せつ、体温調整などといった生命の維持に欠かせない機能をコントロールする神経系で、内臓、心臓、血管や消化管などの筋肉(平滑筋)、ホルモンをはじめとする内分泌腺の調整など、ほぼ全身に分布しています。

これらは、すべて自分の意志で動かせない臓器や体内システムばかりです。

例えば心臓や肺、胃腸は、私たちが日中活動していても寝ていても、勝手に動いてくれています。

体温やホルモンの分泌は、私たちの意志とは関係なく、すべて自動制御で行われています。

つまり自律神経系は、24時間不眠不休で、生命維持を行ってくれているという重要な神経系なのです。

この自律神経系は、交感神経系と副交感神経系の二系統の神経系で成り立っていて、互いに相反する役割を担っています。

交感神経系は、活動時に優位になる神経系です。

かたや副交感神経系は、休息やリラックス時に優位になる神経系です。

基本的にすべての臓器は、交感神経と副交感神経の両方の支配を受けており、主に交感神経が活動するためのアクセル、副交感神経が活動を緩めるブレーキのような役割を果たしています。

日中のONモードと夕方以降のOFFモード

私たちが日中、仕事をしたり活動したりするONタイムには、交感神経系が優位に働いています。

交感神経系は、心拍数を上げて血圧を上昇させ、体温をほどよく上昇させます。脳は覚醒状態となり、筋肉も緊張させるため、素早い行動やテキパキとした思考が可能になるのです。逆に活動するために支障となる、胃や腸の動きは抑制され、食べ物の消化・吸収は活発に行われなくなります。

交感神経系が優位なONタイムは、活動が活発に行われるため、身体のエネルギーは、どんどん消費されていきます。

仕事や活動が終わりに近づき夕方になってくると、今度は副交感神経系が次第に優位となってきます。

心拍数や血圧を低下させ、筋肉の緊張も緩ませて、リラックスモードに入っていきます。夕食時になると抑制されていた胃腸の動きが活発になり、入ってきた食べ物が消化吸収されていきます。日中、覚醒していた脳も次第にクールダウンして夜になると自然に眠くなっていきます。

副交感神経が優位なOFFタイムには、日中の活動によって消費されたエネルギーが、食べ物の消化・吸収という形で再度貯《たくわ》えられていき、疲労を回復する成長ホルモンなどが就寝中に分泌されるため、全身の疲労が回復されていきます。

このように、身体のONモードとOFFモードを、日中と夜で自動的に切り替え、エネルギーの調整を行ってくれるのが自律神経系なのです。

自律神経系は車の両輪のようにバランスをとり、私たちのあらゆる生命活動をうまく調整してくれているのです。

ストレスが自律神経系のバランスを崩す

過緊張の要因はストレス

しかしこの自律神経系のバランスを崩すものが、ストレスなのです。

職場や家庭の人間関係のトラブルや仕事で発生するプレッシャーなどによって起こる不安やイライラ、憂うつさといった不快な感情による心理的なストレスも、長時間労働や過密スケジュールによる疲労、寝不足、病気、不規則な生活などによって発生した身体的なストレスも、すべて自律神経系のバランスを崩してしまいます。

本書のテーマである過緊張状態は、こうしたストレスによって交感神経系のほうが優位になりすぎることで起こる心身のさまざまな不調の総称なのです。

特に心理的なストレスが続くと、交感神経系は確実に優位になります。

職場や家庭で人間関係のトラブルが発生した、何らかのハラスメントを体験した、仕事で大きなプレッシャーを経験したときには、不安や緊張、恐怖、怒り、悲しみといった不快な感情が脳の大脳辺縁系というところで生まれます。

人間にとって、あらゆるストレスは「敵が攻めてきた」と解釈され、「敵と戦うか、逃げなければならない」と信号が出されます。

その信号が自律神経系の中枢である視床下部という脳の部位に伝わると、活動の神経である交感神経系を刺激して、活動モードがONになるわけです。

脳が「敵と戦うか逃げるか」のひっ迫した状況と判断したからには、身も心も、ゆったりとリラックスはしていられませんよね。

筋肉を緊張させて、心拍数や血圧、体温を上げて活動が眠気を追い払って脳を覚醒させて、臨戦態勢を作る必要があります。

だから活動モードの交感神経系が、本来はゆったりリラックスモードの副交感神経系にチェンジしていかなければならない夜になっても、ずっと興奮し続け「過緊張」になるわけです。

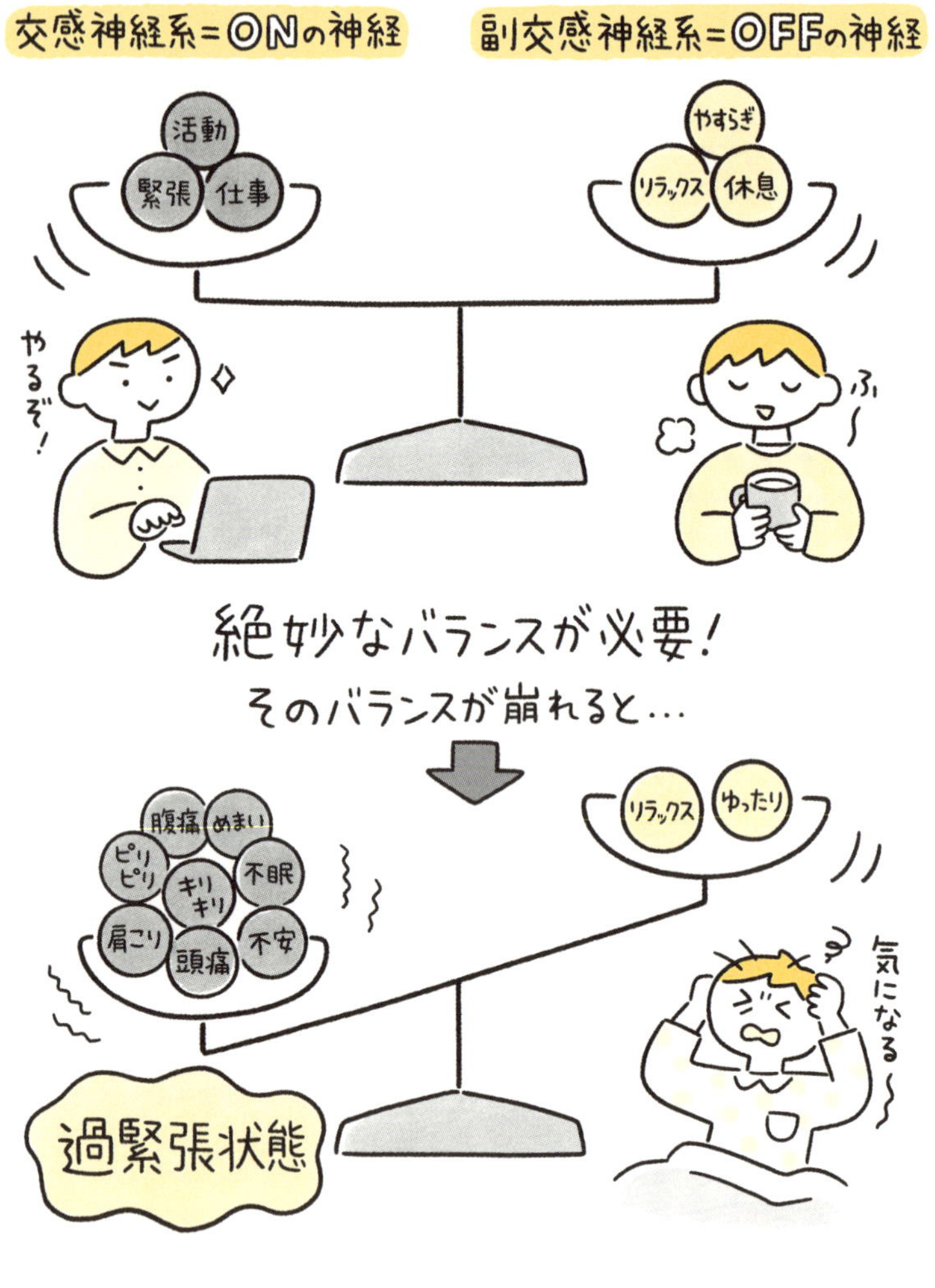

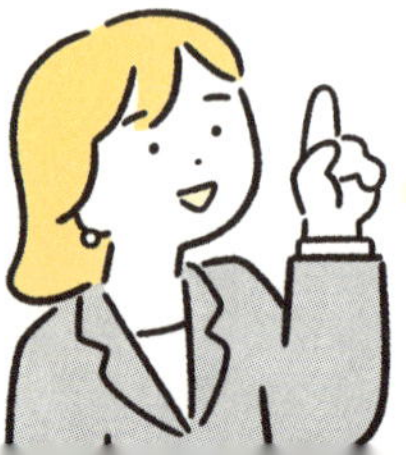

脳はストレスを「敵が攻めてきた」と解釈し、「戦うか、逃げるか」の信号を出します。交感神経は優位になり、夜になっても臨戦態勢が解けません。

また心理的ストレスだけではなく、身体的ストレスも自律神経系を乱す原因となります。

長時間労働をしたり引っ越ししたりして発生する肉体的疲労や寝不足、病気やけがなどによる痛みや苦しさは、身体的ストレスの代表的なものです。

夜更かしをして睡眠不足が続いたり、不規則な食事や極端なダイエットなどで栄養不足が続いたりといった不規則な生活も、確実に身体的ストレスとなって自律神経バランスを崩す原因となります。

過緊張症状が発生するのは、このような心理的ストレスや身体的ストレスが複雑に絡み合ったときです。

ひとことでいうと、「心や身体にストレスが発生したために、のんびりとリラックスしていられない状態」が続くと、自律神経系のバランスが崩れて過緊張症状が出現してしまうのです。

過緊張はホルモン分泌の変化も引き起こす

過緊張症状が出ているときは、交感神経系が興奮しているだけではありません。交感神経系の興奮によって、腎臓の上にある副腎という臓器から、アドレナリンが分泌され、さらに心拍数や血圧を上昇させます。

また脳がストレスを感知したときには、視床下部からCRH（副腎皮質刺激ホルモン放出ホルモン）というホルモンが分泌され、脳内の下垂体という臓器からACTH（副腎皮質刺激ホルモン）が分泌されます。それが血流にのって伝わって副腎へと伝わると、コルチゾールというホルモンが分泌されます。

このコルチゾールは抗ストレスホルモンと呼ばれています。

抗ストレスホルモンであるコルチゾールは、ストレスに対抗するために、肝臓でグルコースを産生し、血糖値を上げて、ストレスに対抗して戦うためのエネルギーを供給します。

まさに前線で戦う戦士に対して、エネルギー補給を行う後方部隊のような働きですよね。

このように身体は、ストレスという「敵」が発生したと感知すると、全力をあげてストレスに対処し、ストレスと戦おうとするのです。


しかし過緊張症状が長く続くと、はじめは全身を戦闘状態にしてストレスと戦っていた身体が、どんどん疲弊していきます。

その結果、身体のエネルギーが枯渇していき、身体が衰弱していくのです。

そして、26・27ページの過緊張チェックで行った「本格的な過緊張」症状に移行し、病的な異常が本格化してしまうというわけなのです。

ちなみに抗ストレスホルモンのコルチゾールが長期にわたって過剰に分泌されていくと、免疫が抑制されてしまうこともわかっています。

ストレスが長期にわたって長引くと、感染症にかかりやすくなってしまうだけでなく、最悪の場合はがんの発生率も上昇することが報告されています。怖いですよね。

過緊張を誘発する原因となるストレスあれこれ

ポジティブな感情もストレスの原因に

心理的なストレスが発生するのは、嫌なことや悲しい出来事だけではなく、意外な出来事も含まれます。

例えば、「昇進した」、「異動した」、「引っ越しした」、「結婚した」、「妊娠・出産した」、「自分または親しい同居家族が、卒業・入学・転職をした」といった大きな変化も、場合によっては心理的ストレスになる可能性があります。

また身体的ストレスも、肉体を明らかに長時間酷使したときだけではなく、外的環境の大きな変化によっても発生します。例えば真夏の酷暑時期、真冬の極寒時期、気温や気圧が大きく変化する季節の変わり目といった天候も、身体的なストレスになります。

ちなみに最近は、季節の変わり目に頭痛が激しくなったり、持病の関節痛が悪化したり、めまいが悪化するなどで仕事や生活に支障が出るような重度の自律神経失調症状を「気象病」と称するようになってきました。現代人はエアコンが完備され、外気温に適応する能力が落ちてきているうえに、運動不足や睡眠不足で自律神経系が潜在的に乱れている人が多く、気象病が増えてきているようです。

話が少し横道にずれましたが、次ページ表1－2に、心理的ストレスや身体的ストレスになりうる変化をまとめました。

実は、あらゆる変化は、心や身体にとってストレスの原因となりえます。

一見、喜ばしい変化や嬉しい変化であっても、緊張やプレッシャーが連続したり、気疲れや身体に疲労がたまってきたりすると、ストレスとなります。

これらの変化が発生しても、すぐにストレスとなって過緊張症状が出るわけではありませんが、「あ、このまま続くと、ストレスが発生してしまうかも？」「長引くと過緊張になるかも？」と警戒することが必要です。

表1-2　ストレスとなる変化

心身のストレスとなる変化

職場や家庭で人間関係が変化

- 自分や親しい人が異動した。
- 上司や部下が変わった。
- 自分または配偶者が単身赴任した。
- 子供が独立して一人暮らしをし始めた。など

仕事やプライベートでのプレッシャー

- 重要なプロジェクトを任された。
- 慣れない仕事を急に担当することになった。
- 子供や自分自身の受験。
- 昇進または降格した。
- コミュニティーなどで大役を引き受けた。など

職場やプライベートでトラブルや大きなショックに遭遇

- 職場でハラスメントやいじめにあった。
- 仕事で失敗して、クライアントや上司に迷惑をかけた。
- 自分や家族が交通事故やショッキングな事件に遭遇した。
- 自分や配偶者が降格、失職を経験した。
- 家族や親族との間で、大きなトラブルが発生した。
- 子供が不登校になった。など

大きなイベントや環境の変化を経験

- 結婚、または離婚を経験した。
- 妊娠、出産を経験した。
- 近親者やペットが大きな病気になった、または死去した。
- 引っ越し、単身赴任を経験した。
- 災害で大きな被害を受けた。

身体的ストレスとなる変化

身体的な疲労の蓄積

- 長時間労働（目安として月45時間以上の残業）。
- 休息が十分とれないほどの介護や看病が続いている。
- 睡眠不足が連続している。
- 昼夜逆転するような不規則な生活リズムが続いている。
- 日常生活に大きな影響がでるほどの病気やけがを経験した。

激しいダイエットや長期にわたる栄養の偏り

リモートワークなどで長期間運動が不足状態

酷暑または極寒時期

気温や気圧の変化が激しい季節の変わり目

第2章

過緊張になりやすい人、なりやすい環境とは？

過緊張になりやすい人とは？

細やかな気遣いを求められる日本社会はかなり過緊張状態

働いている人たちを対象に、メンタルヘルスケアの講演をするときは、必ず過緊張のお話をします。

まずは、26・27ページにあげた過緊張症状のチェックリストをやってもらい、「この過緊張リストにあげた症状を、今まで経験したことのある人は？」と尋ねると、だいたいどんな職種の集団であっても、9割以上の人が手を挙げます。

常に気遣いや周りとの協調を求められる日本の職場は、どのような仕事であっても、過緊張になりやすいといえるでしょう。

しかしその中でも、特に過緊張状態に陥りやすいタイプの人がいます。

表2−1　過緊張の内的要因

☑ **当てはまるものにすべてチェックを入れてください。**

	1	人に任せるより、自分でやったほうが早いと感じるので、人に任せてもいい仕事まで、自分でやってしまいがち。
	2	いろんなシチュエーションが頭に浮かぶので、それらに対処できるようにと、想定できる準備をすべて行っておこうとする。
	3	明日できることでも、つい最後まで仕上げたくなって、残業したり、睡眠時間を削ったりして頑張ってしまうことが多い。
	4	自分がやろうと決めていたルーティンワークやタスクを、多忙になっても、なんとしてでもやろうとしてしまう。
	5	どんな小さな仕事でも、自分が納得できるレベルまで、きっちりと仕上げたい。

	6	人に迷惑をかけたくないと、常日ごろから強く意識して生きている。
	7	他人が手を抜いている部分も、手を抜かずにきっちりやることが多い。
	8	社会や組織のルールは、どんなときもキチンと守らなければいけないと考えている。
	9	ミスを出さないように、人より入念に時間をかけてチェックしてしまうほうだ。
	10	「がんこだ」「融通が利かない」と、家族や親しい人から言われたことが何回かある。

	11	人から頼まれると、自分の予定を変更してでも引き受けてしまうほうだ。
	12	他人から「性格がいい」「いい人だ」と言われることが一番うれしい。
	13	相手の機嫌を損ねたくないので、自分の気持ちを抑えてしまうことが多い。

	14 困っている人がいると、つい自分のことを後回しにして助けたくなる。
	15 気乗りしない付き合いや誘いでも、断るほうが面倒くさいので付き合ってしまう。

	16 休んでいると時間がもったいなく感じ、目いっぱいスケジュールを詰め込んでしまう。
	17 「時は金なり」が信条。できるだけぐうたらしないように心がけており、「タイムパフォーマンス」を常に意識して働いている。
	18 どちらかというと競争心が強く、他人に負けないためにと自分を駆り立てて頑張ることが多い。
	19 自分の想定通り物事が進まないとイライラや焦りを強く感じるほうだ。
	20 仕事でも家事でも、複数のことを平行してやっていることが多い。

	21 どちらかというとネガティブ思考で不安になりやすく、つい取り越し苦労をしてしまうほうだ。
	22 他人からの評価や評判が常に気になる。親しい友人であっても、家族のように心を完全に許すことはできない。他人と過ごしていると気疲れしやすい。
	23 ちょっとしたミスでも罪悪感を感じて、自分を責めてしまい悩んでしまうことが多い。
	24 嫌なことやつらいことがあると記憶に長く残ってしまう。家に帰っても、なかなか気分転換できない。
	25 うまくいかないことが一度発生すると、次もうまくいかない気がして不安になる。

ここでは、過緊張になりやすい人のタイプ、つまり内的要因を取り上げてみたいと思います。まずは表2-1のチェックリストで、過緊張になりやすいタイプかどうか、自分をチェックしてみましょう。

いかがでしたか? 判断の目安としては、それぞれのカテゴリーで3つ以上該当する場合は、そのタイプの特徴が強いと考えられます。

では、それぞれのタイプごとに、解説していきましょう。

①~⑤にチェックがたくさんついた人

完璧主義タイプ

物事を細部まで、自分流に完璧に仕上げたい、仕事はもちろんのこと日常生活においても、自分の決めた目標やタスクを何がなんでもやりとげたいと、頑張ってしまう人が、完璧主義タイプです。

仕事は漏れなく高レベルでこなしていくため職場の評価は高いことが多く、重要な案件を複数任されることも多いでしょう。完璧主義タイプには優秀な人が多いため、人に任せるより自分でやったほうが早くて正確だと考え、ついつい仕事を抱え込んでしまいがちに。

また日常生活でも、一度やろうと決めたことは完璧に頑張ろうとするため、ダイエットや資格取得の勉強といった日々の積み重ねや継続が必要なことも、成功させてしまうことが多いタイプです。家事や子育ても、自分の決めたルーティンワークは、どんなに仕事が忙しくてもやり遂げようとします。

とにかく自分の決めたゴールやレベルに達するまで頑張り続けてしまうので、仕事でもプライベートでも、集中して作業するONタイムが長くなってしまうのがこのタイプの特徴です。仕事が順調で公私ともに余裕があるときはいいのですが、繁忙期や予期せぬトラブルで仕事量が予想外に増えたり、プライベートでの非日常なイベント（子供の受験や卒・入学、家族の病気やけが、冠婚葬祭など）が重なってしまったりすると、過緊張に陥りやすくなります。睡眠や休憩といった、交感神経を休ませリラックスの副交感神経を優位にするOFF時間を、どんどん削ってしまいやすいため、身体にも疲労が蓄積しやすくなります。

⑥〜⑩にチェックがたくさんついた人

真面目がんこタイプ

とにかく真面目で、組織や社会のルールをしっかりと守ろうとする人です。また人に迷惑をかけることが、とにかく嫌で、何がなんでも決められた任務や責任を果たそうとします。体調が多少悪くても、押して職場に出ていこうとします。

一度引き受けた仕事は、たとえつらくても弱音を吐かず、やり遂げようと頑張る責任感が強いタイプ。そのため周囲から信頼されていることも多く、公私ともに、何かの役職をお願いされることも多いでしょう。

しかしその反面、ルールや今までの慣習（本人にとっての常識）を強くがんこに守ろうとするため、融通が利きにくく、臨機応変な対応が苦手なところがあります。仕事やプライベートで予想外の出来事が重なったり、異動などで周りの環境が大きく変化して慣れ親しんだルールが通用しなくなったりすると、適応するのに人より時間がかかってしまうことも。その間、大きなストレスを感じ続けるため、リラックスできなくなり過緊張状態に陥りやすくなります。

またこのタイプの人は、同僚にSOSを出して手伝ってもらったり、上司にお願いして仕事内容を調整してもらったりすることを、「迷惑をかける」と考えてしまうために極度に嫌がります。不調を感じながらも頑張り続けてしまうため、過緊張症状が続きやすくなります。

⑪～⑮にチェックが多くついた人

NOと言えない自己犠牲タイプ

とにかく人の顔色を読んでしまい、自分を押し殺してしまう傾向が強い人がこのタイプ。嫌な仕事や気の進まない依頼でもNOと言えず、ついついOKしてしまうため、内面にストレスを溜めやすいタイプです。

組織では、「いい人」「優しい人」で通っている場合も多く、本人も内心それを誇りとして生きています。そのため他人に不快な感情を与えたくない、嫌われたくないという気持ちを優先してしまいがち。疲れていても残業を引き受けてしまったり、プライベートの時間を割いて顧客にサービスしてしまったりと、自己犠牲して周りの要求に応えようとします。

職場の人間関係が問題なく、顧客との関係がうまくいっているときはいいのですが、価値観の合わない上司や同僚が多くなったり、わがままな顧客の担当になったりすると、ストレスが急速に増えて自律神経の乱れが生じやすくなります。またプライベートでも、自分が疲れていても家族や友達の要求にNOと言えないため、ついつい無理をしてしまって休息やリラックス時間を犠牲にしてしまい、過緊張に傾きやすくなります。

⑯～⑳にチェックが多くついた人

せっかち&負けず嫌いタイプ

働き者で、かつ負けず嫌いな人が多く、常に「何かしなくちゃ」「もっと自分を向上させなくちゃ」とスキマ時間ができると仕事や勉強、家事などを詰め込んでしまいます。自分からせっせと仕事やタスクを見つけ出してしまうため、時間に追われて生活しがちです。

休日などに何もしないボーッとした時間を過ごしてしまうと、「もったいないことをした」「時間を無駄にした」と自分を責めてしまうのも、このタイプの特徴です。

リラックス時間や休息時間を軽視する傾向があり、かつ時間に常に追われて生活しているため、交感神経の緊張が続いている状態が平均的に長くなってしまいがち。本人のペースで、睡眠時間や休日が確保できている間はいいのですが、突発的な仕事が重なって「やるべきこと」が山積みになったり、プライベートで資格試験や引っ越しといった「やりたいこと」が急に増えたりしたときは要注意です。ただでさえ目いっぱい詰め込んでいる日々のスケジュールがパンパンになってしまい、睡眠や休息時間をどんどん削っていくために心身を休ませる時間が犠牲になっていきます。その結果、過緊張症状に陥ってしまうのです。

㉑〜㉕にチェックが多くついた人

心配性&気疲れタイプ

いわゆる繊細で、かつ心配性な性格で、些細《ささい》なことでも気になり、ネガティブな心配が広がってしまうタイプです。災害関連のニュースが報道されると、すぐに心配になって慌てて防災グッズを買い込んだり、がんの記事を読むと心配になって健診の予定を早めたりするなど、ネガティブな想像が活発に広がってしまいやすい傾向があります。

また仕事で些細なミスをして上司に注意されても、「評価が下げられるかもしれない」「案件から外されるかも」などと、どんどんマイナスな方向に考えてしまうので、気分がなかなか晴れません。家に帰ってからも、リラックスできずに悶々《もんもん》と考えてしまうため、寝つきが悪くなったり睡眠が浅くなったりと不眠になりやすい傾向があります。

また「他人にどう思われているか」、「どう評価されているか」が常に気になり、他人に対して常に警戒心を感じています。そのため、家族以外の他人には、プライベートの友人であろうとも相当気を遣って接しているため、休日に友人との交際が立て続けに入ると、それが楽しい時間であっても気疲れしてしまって疲労が溜まります。仕事で心配事が次々と発生したり、プライベートで行事が続いたりして、家でのリラックス時間や休息のコントロールが自分でできない状況が続くと過緊張になってしまうタイプです。

日本人は、過緊張になりやすい資質を持っている人が多い

過緊張症状が出ている人は複数のタイプを併せ持つ場合が多い

本書を読んでいるあなたは、きっと5つのタイプのうち、どれかに当てはまったのではないでしょうか？

もしかして、いくつかのタイプが重複していたのではないでしょうか？

そもそも日本人の国民性は、「真面目で勤勉である」ことが有名です。

また他民族に比べて、「仕事が丁寧で几帳面である」「内気で自己主張をしない」「他者に気を遣う」とも評されます。

つまり、この一般的な国民性だけみても、「完璧主義」「真面目」「NOと言えない」「気疲れ」タイプに、相当するではありませんか！

そして日本人が、日本の職場で働くとなると、さらに輪をかけて、勤勉さ、責任、周囲との協調性が求められます。また昨今の成果主義が浸透した職場では、他者との競争も常に発生し、成果を上げ続けねばなりません。

ITの発達で現代人は常にONタイム

さらに1990年代後半からは、パソコン、インターネットや携帯電話などの情報通信技術が急速に普及し、私たちは「いつでも」「どこでも」他者とつながることができるようになりました。

IT機器の発達は、仕事や日常コミュニケーションにおいては、非常に便利になった反面、大きなデメリットをもたらしました。

それはひとことでいうと「ONタイムの延長&OFFタイムの量・質の悪化」です。

昭和時代までは、職場から自宅に戻ると、外界と接触できるツールは、電話とファックスぐらいでした。夜9時以降には、ごく親しい人や緊急連絡以外は、電話はかかってきませんでしたし、ファックスが作動することも滅多にありませんでした。

そのころの生活では、多くの人が仕事を終えて家に帰ると、自然に仕事や気を遣う人間関係から切り離され、ごく親しい人たちとのだんらんや一人時間が確保できていたのです。

思い返してみれば、私自身も子供時代には、「午後9時以降は、よほどのことがない限り、他人に電話してはいけないよ」と、よく親から言われたものでした。家には固定電話が一台しかなく、夜9時以降に友達と電話するのは、相当困難を極めました。


しかしIT機器の発達によって、家に帰っても世界各国の人と気軽につながって、いつでもどこでも会話や仕事ができるようになりました。友達はおろか親しくない人とも、いつ何時でもSNSやスマホを通じて、簡単にコミュニケーションがとれるようになりました。

その結果、どんどんONタイムが長くなってしまい、心身をリラックスさせて休息するためのOFFタイムが反比例して十分に取れなくなってきたのです。

たとえ仕事が終わっても、SNSや対戦ゲームなどで、たいして親しくもない他人とネットでつながって交流していると、自覚している以上に緊張したり気を遣ったりしていますので、OFFタイムの質も悪化しています。

他者から感じる緊張度は、その人との「親しさ」に反比例します。家に帰ってまで仕事の関係者や、素性のよくわからない赤の他人と接触していると、緊張がいつまでも緩まなくなるのです。

過緊張の対策と予防を知れば怖くない

こうしたことを考え合わせると、私たち日本人が過緊張に陥らずに働くほうが、むしろ難しいのではないでしょうか?

実は私自身も、何を隠そう「完璧主義タイプ」「せっかち&負けず嫌いタイプ」「心配性&気疲れタイプ」が、それぞれ80%以上、同率で当てはまります。

そのため若いころから過緊張症状をよく体験してきました。

学生時代から20代前半にかけては、ストレスに対する医学的知識も乏しく、ともすれば不眠になったり過敏性腸症候群の症状が出たりしたこともありました。

しかし精神科医になってからは、精神分野の医学的知識が増えてセルフケア力が向上したことや、コーチングやアサーションなどの学習を通じてソーシャルスキルが改善したこと、また睡眠導入剤などの医療資源を上手に使えるようになったために、今は軽い過緊張症状は感じますが、病的症状まで悪化せずに済んでいます。

もしあなたが、過緊張のタイプが複数重複していたとしても、大丈夫！

まずは本書を通じて、過緊張の正体を知り、その予防や対策を学ぶことで、私のように過緊張になりやすい体質であっても、自分でコントロールができるようになります。

まさに「知は力なり！」です。

ということで、続いて過緊張症状になりやすい「外的要因」について学んでいきましょう。

過緊張になりやすい状況を把握しよう

第1章で、「過緊張を誘発する原因となるストレス」をざっと表にまとめましたが、ここでは、さらに深掘りして、より具体的な過緊張になりやすい状況を解説していきたいと思います。

ここでは、私が産業医や精神科医として出会った過緊張になった方々のシチュエーションを、個人が特定できない形に変形して、ご紹介していきます。

シチュエーション その1

公私ともに変化が多い時期(特に3月～4月)

第1章で、あらゆる変化はストレスの原因になることを解説しました。

このことを理解していないと、無意識のうちに過緊張が起こってしまうことがよくあります。

特に注意したいのが、3月〜4月にかけての時期です。

この時期は、入学・卒業、就職、異動、引っ越し、組織やグループの人員の入れ替えなどの社会的変化が非常に多発する時期です。

ほとんどの会社組織が、3月末で期末を迎え、4月から新期がスタートとなります。それに合わせてグループの再編や異動が行われます。自分が異動になって新たな部署での仕事がスタートする場合は、仕事や人間関係に慣れるまで、当然ながらハイレベルの緊張状態が続きます。自分が異動にならなくても、周りの上司や部下が異動になって慣れ親しんだ人がいなくなったり、新たな同僚や上司との付き合いが始まったりします。自分の周りの人間関係の変化も、大きな緊張が伴います。

さらに加えて、日本は学校関係がすべて3月卒業&4月入学、4月から新学期スタートのシステムで動いています。子供を持つ人たちは、プライベートでも子供関係の行事が多発し、通常より多忙になり、気を張る時間が多くなってしまいます。

お子さんがいない人にとっても、地元コミュニティーや趣味関係のグループの役員交代が3月末に行われて抜擢《ばってき》されたりすると、新たな活動が加わることがあります。

職場での変化による緊張に加え、プライベートの生活リズムが変化すると、心と身体の休息時間が十分に取れなくなり、過緊張による疲れが知らず知らずのうちに蓄積していってしまいます。

こうした社会的変化に加えて、3月4月は、季節の変わり目で、日々の気温差が非常に激しい時期であり、ただでさえ自律神経系に負担がかかっている時期でもあります。

自律神経系は、血流や汗や筋肉の緊張を変化させて体温の調節を行っています。気温差が5度以上ある「季節の変わり目」の時期は、通常よりも自律神経系にとって仕事が増えるため、調子が乱れやすくなるのです。

日本の3月~4月は、社会的イベント、行事が目白押しで過緊張が発生しやすく、かつ、目まぐるしく気温や天気が不安定となるため、この時期から6月ごろにかけては、自律神経失調症やメンタル不調が発生しやすくなる代表的な時期といえるでしょう。

ここで、私が経験した具体的なケースを一例ご紹介しましょう。

フルタイムの仕事と家事・育児の両立、子供のPTAが加わり過労状態に

N子さんは、食品メーカーの経理部に勤める32歳。私生活では今年6歳になる子供を育てるワーキングマザーです。

ふだんから育児時短制度を利用して午後4時に退社し、子供を保育園に迎えに行き、帰宅後は家事と育児に没頭するという忙しい生活をしています。経理部は3月が決算期で繁忙期なのですが、今年はあいにく同僚が2月から体調を崩して入院してしまったため、N子さんは上司にお願いされて、時短を返上して午後5時まで仕事をすることになりました。保育園には延長保育をお願いして、駆け足で保育園に子供を迎えに行き、帰宅後も時間に追われながら家事をするというあわただしい3月となってしまったのです。

また子供が保育園を3月に卒園し地元小学校に入学するため、土日も卒園の準備や入学の説明会で保育園や小学校に行ったり、たくさんの就学準備物の買い物に出かけて持ち物を整えたりと、通常よりもプライベートも忙しい状態が続きました。

N子さんは、もともと几帳面な性格で、子供が小学校に持っていく道具袋や上履き

入れは、自分の母がやってくれたように、手作りで持たせてあげたいと考え、苦手な裁縫にも励んだために、土日の睡眠時間が通常より2時間ほど短くなっていたといいます。

ようやく3月の繁忙期が終わり、4月からは無事に子供が小学校に入学したものの、新たに始まった小学校のPTAや学童保育の説明会などの学校行事が続きます。さらにN子さんは、PTAの役員にも選出されてしまったため、PTAの集まりにも何度か出席を余儀なくされ、見知らぬ人たちとの緊張した時間を過ごすことが増えました。

加えて職場では、直属の上司が異動でいなくなり、新しい上司が就任。今までの仕事のシステムが見直され、大きな変更が相次ぎ対応に追われることになり、仕事の密度が急激に増えたため、昼休みの休憩返上で時間に追われて仕事をこなす日々が続くようになりました。

5月の連休が明けたころから、N子さんは朝起きても身体の疲れが取れなくなってきて、持病のアトピー性皮膚炎も悪化してきました。夜は皮膚の痒《かゆ》みで睡眠が浅くなり、さらに身体の倦怠感が悪化し、朝の身支度や子供の世話がテキパキとできなくなってきて、ふだんより時間がかかるようになってきました。37度前後の微熱も続くようになったため、内科を受診するも、血液検査には異常がないとのこと。そうこうしているうちに、N子さんは会社に何度か遅刻してしまうことが増え、仕事中も頭が回らずミスをするようになってきたため、上司からの勧めで産業医面談を受けにきました。

「いつも時間に追われていて、あれもしなくちゃ、これもしなくちゃと気ばかり焦るんですが、身体と頭が重だるくて、仕事や家事が一向に進まないんです。だからイライラしたり、できない自分が嫌になって落ち込んだりと、感情の浮き沈みも激しくて……。微熱もずっと続いています」

「新しい上司の下でシステムも大きく変わって、みなピリピリしていて。仕事中も気が全く抜けなくなりました」

「PTAの役員なんかやりたくなかったのにクジで強制的に入れられてしまったんです。働いている人にお構いなく、平日の真昼間から平気で集会を開催されるので、そのたびに職場に有休のお願いをするのも気が重くて。PTAの連絡がくるたびに動悸がするようになってきました」

とN子さんは、疲れ切った表情で話してくれました。

N子さんは、3月の繁忙期でのイレギュラーな対応に加え、4月からのお子さんの小学校入学、新しい上司による仕事システムの改変といった、変化につぐ変化によって、過緊張状態が続き、明らかに過労状態となっていました。

N子さんの性格は、「完璧主義」でかつ「真面目」。上司からの命令や、自分で決めたマイ・ルールをきちんと守るために、睡眠や休憩を犠牲にしても頑張ってしまいます。

3月の忙しい繁忙期に残業返上で頑張っているときにもかかわらず、さらにお子さんの就学準備を自分の望むレベルで仕上げたいと、夜なべして裁縫をしてしまいました。

かつ「NOと言えない自己犠牲タイプ」も入っていて、上司の残業返上のお願いを受け入れ、嫌々ながらもPTAの役員を引き受けてしまい、平日の集まりにも無理して参加しようと頑張ってしまったことで、さらに心身に疲れやストレスを溜めこんだようです。

過緊張症状が続き過労状態になると、N子さんのように持病が悪化したり、睡眠や食欲に影響が出てきたりします。これが悪循環になって、集中力が落ちてミスが増える、仕事や家事のスピードがどんどん落ちていってしまうなどの症状も加わっていったのでした。

私は、心療内科クリニックあてに紹介状を書き、N子さんには、過労状態を回復し体調を整えるために休職を勧めました。N子さんは心療内科クリニックを素直に受診され、「自律神経失調症」の診断のもと、そのまま3か月ほど休職されました。

復職時には、N子さんはすっかり元気になり、「身体の疲れがとれて、頭もしっかり回るようになり、家事もテキパキできるようになりました。休み中に、PTAの役員は体調不良を理由に辞退することができました。これからは自分に無理をかけすぎずに、いたわりながら働きたいと思います」と笑顔を見せてくれました。

このN子さんのように、変化が次々と押し寄せてきた場合、誰もが過緊張になる可能性があります。「変化が多い時期は、要注意」を心に留めて、たとえ「お子さんの入学や卒業」「結婚や出産」「栄転」などの嬉しい変化であっても、決して無理をしないことが大切です。休息や睡眠をできるだけ確保して、さらなる変化を重ねることはできるだけ避けることがポイントです。手を抜けるところは潔く手を抜いたり、NOというべきときにはNOと断ったりして、「休息やリラックスの時間」を奪われないようにしましょう。

シチュエーション その2
昇進して管理職やリーダーを任されたとき

会社で実力を認められて管理職に昇進したり、プロジェクトのリーダー役を任されたりしたときも、過緊張になりやすく要注意です。

今まで現場でプレーヤーとして現場で働いていた人が、はじめて部下を持ち、マネージメントが業務の一つになったときも、同様に注意が必要です。

ポジションが上がると多くの人は嬉しくて、期待に応えようと張り切ります。張り切るというのは、いい意味で普段より緊張が増している状況です。

当たり前ですが、上の立場になればなるほど、任される仕事の責任が重くなり、部下の管理業務が入ってきますので、職場のことが頭から離れにくくなります。

昇進したり、リーダーに抜擢されたりしたときほど、実はリラックス時間や休息がさらに必要なのですが、なりたてのころは多くの人が頑張りすぎてしまい、大切なリラックス時間や休息を削って活動してしまいます。その結果、過緊張になってしまうのです。

部長昇進に禁煙、英会話レッスン、1on1が重なり高血圧に

以前出会った40代の男性Gさん。真面目でコツコツ頑張ってきた実績が認められて新年度から部長に抜擢されました。Gさんは張り切って前任者からの引き継ぎを受け、ミスがないようにと引き継ぎ事項を、夜遅くまで時間をかけて詳細に書類にまとめました。また部下とも一人一人面談を開始して、仕事の進捗やキャリアについての要望を聴取しました。

また部長になったからには、他人に尊敬される存在にならなければと考え、長年吸っていたタバコの禁煙をスタート。さらに部長になると、海外からのお客様の接待にも参加する機会が増えるため、オンライン英会話を契約し英会話の学習を10年ぶりに

昇進をきっかけにあれもこれも完璧にやろうとすると、睡眠時間は削られ、過緊張状態は進行。場合によっては高血圧など身体的な症状を誘発する可能性もあります。

再開させました。

そんなこんなで昇進して気合を入れて張り切っていたGさんですが、8月に入ったころから、身体の疲労が取れなくなってきました。

朝起きたときにも、頻繁に頭痛が起こるようになってきたといいます。

ちょうど会社の健康診断を受けたところ、もともと高めだった血圧が160／100㎜Hg以上に上がっており、すぐに2次検査を受けて治療をするようにと担当医に言われてショックを受け、急に健康に不安を強く感じるように。血圧は薬を飲んで順調に下がったのですが、ネットを調べると「高血圧の人は、脳出血や狭心症になりやすい」という記事をみつけ、「このままの健康管理でいいのだろうか」とどんどん心配が広がってしまったようです。

そこでGさんは、産業医に面談を申し入れてきたのですが、Gさんは開口一番に、「部長に就任したころに感じていた気力が、最近どんどん萎えてくる感じがします」と訴えました。

詳しく話を聞いてみると、Gさんは部長になってからというもの、張り切るあまりに睡眠時間を削る日が増えており、平均すると5時間前後しか寝ていないとのことでした。

海外からのお客様の接待で、「ほかの部長たちと比べると自分の英語の拙さを痛感し、もっと英語を流ちょうに話したい」と奮起し、遅くに帰宅しても睡眠時間を削ってオンライン英会話に励んでいたといいます。

それに加えて部下一人ひとりと1on1ミーティングを、定期的に繰り返していたため、残業も多くなっていたようで、さらに睡眠不足に拍車がかかったとのことでした。

「部長就任時から、『できるだけ部下の要望に沿うように、仕事や役割を与えてあげよう』と、心を砕いてきたのですが、100%の希望はかなえられないし、どうやっても不満を持つ部下はでてきます。私がなめられているのか、最近の若者の傾向なのかわかりませんが、かなり露骨に不満を言ってくる部下もいて、最近では1on1ミーティングが苦痛になってきましてね。そういう遠慮のない部下との面談の前日には、気が重くなってしまって、ベッドに入ってもなかなか寝つけないんです」

「こんな状態だと、また高血圧が悪化して、狭心症などの怖い病気が起こらないかと心配になって……」

Gさんの顔には、隠しきれない疲労がにじんでいました。

私は、Gさんが、明らかに過緊張になっていることを伝え、まずはしっかりと睡眠とリラックス時間を確保することが必要であることを話しました。

具体的には、睡眠の障害になっていた英会話や、ストレス源となっている１ｏｎ１ミーティングは、回数を大幅に減らして、リラックス時間と睡眠時間をもっとつくるようにとアドバイスしました。

昇進で気合が入っていたGさんは、自分の休息時間やリラックス時間を犠牲にして頑張りすぎたのです。

Gさんは、おそらく**「真面目がんこタイプ」と「せっかち＆負けず嫌いタイプ」「完璧主義タイプ」が相当強い性格です。これは「組織のなかで優秀だと評価されているビジネスパーソン」が併せ持つ典型的な三つ揃いのタイプです。**社会や組織の期待に応えようとし、組織のルールや自分で決めた目標は、何がなんでも完璧に実行しようとします。また向上心や競争心もかなり高く、周りと比べて自分の足らないところを見つけては、何とかして改善しようと頑張ります。Gさんの場合は、さらに「心配性＆気疲れタイプ」でもあるようで、高血圧になったことで健康に関する不安や心配が急激に増えてしまい、不眠を助長する一因になっていました。

私は健康管理については、降圧剤で血圧が正常化しているし、禁煙も継続できているので、過剰に心配する必要はないことを説明して安心してもらいました。


ちなみにGさんにとって、タバコをやめたのは長期的にみると健康にはよいことですし、英会話の学習再開はキャリアにとっては大きなプラスになることですが、「部長に昇進する」という大きな変化が起こった時期に合わせて、自分の楽しみや貴重なリラックス時間を減らすのは、ちょっと早計すぎました。

まずは部長という仕事や新しい部下との人間関係に慣れてから、徐々に禁煙や英会話をスタートさせるほうが、ストレスの上乗せを防げたと思われます。

睡眠時間が減り、緊張する時間が増えて交感神経系が過緊張に傾くと、血管が収縮している時間も長くなってしまい、血圧も高くなっていきます。

加えて、ただでさえ神経を使う1on1ミーティングがストレス化してしまうと、寝つきが悪くなったり、睡眠が浅くなってしまったりして、脳の貴重な休息時間である睡眠が十分とれなくなっていったのです。

Gさんが、朝起きたときに倦怠感が残り、頭痛が頻繁に起こるというのも、睡眠不足と睡眠状態の悪化が原因でした。

Gさんは、私の助言を受け入れ、英会話は休日のみにして、平日はとにかく1時間でも早く帰宅して、好きな音楽を聴いてリラックスして、睡眠時間を増やすようにしたそうです。寝つきが悪くなる原因となっていた1on1ミーティングは、しばらく大幅に回数を減らすことにしたとのことでした。

また「苦手な部下との面談の前夜など、**どうしても眠れないときには、薬局で睡眠改善薬を買って飲んでみては？**」と私からアドバイスしたところ、非常に効果があったとのことでした。

※睡眠改善薬は、医師が処方する睡眠薬や睡眠導入剤ではなく、薬局で市販されている一般用医薬品です。風邪薬や鼻炎薬などに含まれる眠くなる成分（抗ヒスタミン剤成分）で作られています。緑内障や前立腺肥大といった持病のある人や、車両の運転や機械の操作をする人**以外**は、気軽に薬局で買って内服することができます。この睡

眠改善薬は、Gさんのような「一時的な不眠」には効果的なのですが、数日で耐性ができてしまい効果が出なくなってしまうという欠点があります。

こうしてGさんは徐々に質のよい睡眠が、しっかりとれるようになり、次第に疲労感や頭痛が改善し、気力も回復してきたようでした。

「気合を入れすぎて、あれもこれもと頑張りすぎるのはよくありませんね。きちんと睡眠、休息をとることも、長い目でみるとキャリアにとっても健康にとっても欠かせない重要なことなのだと、今回の件で、よくわかりました」

と、Gさんは晴れやかな笑顔で報告してくれたのでした。

このGさんのように昇進や何らかのポジションの変化、異動などを契機に過緊張症状を発症するビジネスパーソンは、驚くほど多いものです。

異動と同時に単身赴任や引っ越しといった、住環境の大きな変化を経験する人も、過緊張になりやすい代表選手です。

組織で仕事をしている場合は、こうした大きな変化を避けては通れないと思いますが、大きな変化が起こったときほど、「さらに変化を起こすようなことをしない」「心身に負担をさらにかけるようなことをして頑張りすぎない」ことを心がけたいものです。

シチュエーション　その3

家族が病気やけがをしたとき

自分自身や、身近な家族が病気やけがをしたときも、過緊張になりやすい代表的な状況です。

ここでは私が精神科クリニックで出会ったFさん（女性）の例をご紹介しましょう。

両親のケア、責任ある仕事、家事の負担にイライラが止まらない

53歳のベテラン保育士のFさんは、保育園の主任として若手保育士を指揮しながら、日々順調に働いていました。Fさんは、さばさばとした面倒見の良い明るい性格で、若手保育士からの信頼も厚く頼りにされる存在だったようです。Fさんの子供は

すでに独立しており、会社員の夫と二人暮らし。夫と家事を分担しながら、やりがいのある仕事を楽しんでいたといいます。

しかしある年の1月、Fさんはインフルエンザに罹患《りかん》しました。久しぶりに高熱が出てかなり体力を消耗したようで、職場に戻っても軽い倦怠感を感じていたといいます。ところが2月、ちょうど卒園式の準備が本格的に始まったころに、80代の両親がインフルエンザに感染したという知らせが届きました。

Fさんの両親は、車で30分ほど走った隣の市に住んでいて、父親母親とも高齢ながらも健康であったとのことですが、二人ともほぼ同時にインフルエンザを発症してしまって寝込んでしまったとのことでした。

Fさんは保育園への出勤前と出勤後に実家へ車を走らせて、両親の衣食住の世話をするようになりました。Fさんには兄が一人いて、実家から一駅先に住んでいるのですが、気が利かなくて家事も上手ではないため、両親はFさんを常に頼りにしていたそうです。

幸い母親は順調に回復しましたが、90歳近い父親の回復が思わしくなく、病院へ連れていったところ、誤嚥《ごえん》性肺炎も併発していることが判明し、そのまま入院となってしまいました。

Ｆさんはインフルエンザで体力の弱った母親に代わって、病院の入院の手続きや準備をし、そのあとも休日ごとに父親の見舞いに行って実家から着替えを届けるという日々が数週間続きました。父親が入院になったことで、母親も不安になってしまい、平日の夜も、しょっちゅうＦさんに電話をかけてきては、愚痴や心配を訴えるようになったといいます。

そんななかで、若い保育士を指揮して卒園式の準備もしなければならず、Ｆさんの毎日は多忙を極めました。日中できなかった仕事を家に持ち帰って作業することもあったそうです。

卒園式が近づくにつれ、Ｆさんはイライラすることが多くなり、夫に当たってしまうことが増えてきました。帰宅後に夫がテレビをみてゲラゲラ笑っている姿をみると、「私がこんなに大変なのに、家事は自分の分担分しかやらない。ちょっとくらい手伝ってくれてもいいんじゃない！」と、ついカッとなって文句や嫌味を言ってしまいます。持ち帰り仕事をしているときに、母親から電話がかかってくると、「いいかげんにして！　いくら心配してもなるようにしかならないじゃないの！」と携帯電話を放り投げたくなる衝動に襲われます。

そんななか、保育園で新人の保育士がミスをしたときに、つい声を荒らげて叱ってしまい、泣かせてしまいました。そして園長から「パワハラにならないように気をつけて」と注意を受けてしまいました。

Fさんは、注意を受けたことがショックで、その日は一睡もできなかったといいます。

「自分は主任として不適格ではないか」と悩んで落ち込み、「イライラが抑えられない自分は異常ではないか」とメンタルクリニックを受診してこられたのでした。

私はFさんの症状を伺って、これは多忙と過労からくる過緊張であり、精神状態が不安定になっていることを伝え、とにかく抱えている仕事や役割を減らすようにアドバイスしました。

保育園の繁忙期に重なった両親の病気と長引く看病に、Fさんは時間に追われる密度の高すぎる生活を続けていたために、心と身体が疲弊してしまい、余裕が全くなくなってきていたのです。体力自慢のFさんでしたが、ご自身が1月にインフルエンザにかかって体力が回復しきっていなかったときに、追い打ちをかけるように公私ともに多忙になったことで、気力や体力を使い果たしてしまったのでした。聞けば、Fさんは、自分の食事をとる時間は10分ほどで、ときに忙しすぎて食事を抜いてしまうこともあったといいます。更年期から始まっていた耳鳴りもひどくなってきているようでした。

私は短期間の休職も提案したのですが、「保育園の卒園式の準備は、誰もが手いっぱいで、私の仕事をお願いすることができない。今休むわけにはいかない」と、Fさんは強く抵抗を示しました。そこで私は、まずはご主人に理由を話して、家事の分担分を大幅に減らしてもらうようにと、アドバイスしました。

そしてお兄さんにもヘルプをお願いし、父親の入院の世話を手伝ってもらったり、母親の相談相手をお願いすることを提案しました。

「両親は、私じゃないと嫌がるんです」としぶるFさんでしたが、「このまま心身の負担を抱え込んでいると、あなた自身が倒れてしまって、職場に大きな迷惑をかけたり、ご両親の世話ができなくなったりしますよ」とお伝えすると、ようやく理解してくれました。

私は軽い安定剤を処方し、イライラがひどいときは飲むようにしてもらいました。

診察のあとFさんはすぐに、診察の内容を夫に話して家事の負担を減らしてもらい、お兄さんにも連絡をとって父親の入院の世話と母親の見守りを頼むことにしたようです。母親には、お兄さんが「Fさんが過労で体調を崩しかけていること」を説明してくれて、夜の電話の相手を引き受けてくれたそう。

休日のたびに実家へ車を走らせていたFさんは、ようやく休日はゆっくり家で休めるようになり、毎晩かかってきた母親の電話からも解放されて、以前のようにゆっくりと夫と食事を楽しめるようになりました。

イライラしたときには、処方された安定剤を飲むと、気分が楽になったので、職場で声を荒らげることもなくなりました。

Fさんは、次第に過度なイライラや、気持ちが落ち込みすぎるということも減ってきました。

こうしてFさんにとって一番大切なイベントだった卒園式をようやく無事に終える

ことができたのでした。

Fさんは、典型的な「NOと言えない自己犠牲タイプ」で、両親の頼みを断ることができず、自分の時間を犠牲にしても相手の気持ちを優先してしまいます。また「真面目がんこタイプ」も併せ持っているため、職場からの要求や、自分が決めた日々のルーティンワークや家事は、とにかくやりこなそうと頑張ってしまいます。

両親にとっては「優しい孝行娘」、職場の後輩にとっては「頼りがいのあるいい上司」であることがFさんの誇りであり、彼女の自尊心を支えてもいましたが、キャパオーバーな仕事やタスクを抱えることで過緊張状態に陥り、心身の余裕がなくなることで、自分が望む役割を演じられなくなってきてしまったのです。

Fさんの場合は、他人に対するイライラや、自分を責める自責念慮、落ち込みという感情不安定という形で出現しましたが、本人の気づきが早く、早期に受診されたために、大事に至ることは防ぐことができました。

Fさんが、あのとき、受診されずに、そのままキャパオーバーな生活を続けていると、心身の過労からひどいめまいや動悸に襲われたり、精神状態の不安定さから職場や家庭で人間関係のトラブルが起きたりした可能性が高いと思われます。
自分のキャパシティーを超える仕事やプライベートのタスクが発生し、それが長引いて心身に過緊張の症状が出てきたときには、「わがままと思われてもいい」「相手の機嫌が悪くなってもいい」と開き直ってNOといい、自分を守ることが必要なのです。

このFさんのようにご両親の介護が発生しなかった場合でも、ビジネスパーソンがインフルエンザなどの重めの感染症に罹患したあとや、手術をして復職したあとなど、**通常より体力が落ちているときは、自律神経のバランスが崩れやすい**ので要注意です。

毎冬、高熱の発熱が出るような感染症や、体重が落ちるような重めの胃腸炎にかかったあと、体調が戻りきらないうちに繁忙期で残業が多く発生したり、出張が立て込んだりして、自律神経のバランスを崩し、過緊張症状を呈する人に遭遇します。

また自分自身が健康であっても、子供やパートナー、親といった親しい家族が病気やけがをしたときも、要注意です。看病するために、リラックス時間が奪われ、かつ入念な気遣いが必要になります。病院への送迎や病人の世話のために体力を消耗しますし、家事の負担も増えてしまいます。こうした非日常な状況が続くと、多くの方が、今までこなせていた仕事がスムーズに進められなくなってしまいます。その結果、ワークライフバランスが崩れて、心身の負担がどんどん上乗せされて、過緊張になる人も少なくありません。

Fさんのようにイライラがひどくなって情緒不安定になる人もいますし、不眠になったり、うつっぽくなったりする人もいます。過緊張として出てくる症状は、人によってさまざまです。

当たり前ですが、「自分が病気になった場合は、病み上がりは無理しない」ことが鉄則です。また家族が病気やけがをした場合は、看病や介護が長引きそうならば、思い切って上司に伝えて、仕事の量やスケジュールを無理のない形に調整してもらうことも大切です。

第3章

過緊張症状を自覚したときにすぐにやるべきセルフケア

第3章でお伝えするのは軽度の過緊張のセルフケア

過緊張症状が出たらすぐにセルフケアを

いよいよ本章では、過緊張症状が出たときに、すぐに行ってもらいたいセルフケア（自分で行う対処法）をお伝えしたいと思います（現在、過緊張症状に悩んでいないという人は、次の章の「過緊張を予防するための生活のコツ」から、読んでください）。

第1章26・27ページでチェックした過緊張チェックリストでは、「軽度の過緊張」と「本格的な過緊張」の2つのカテゴリーに分けてチェックしましたよね？

この章では、主に「軽度の過緊張」状態の人に向けてのセルフケア法を中心にお伝えしていきます。

第1章でもお伝えしましたが、「本格的な過緊張」症状が出ている場合は、何らかの病気が発生している可能性が大きくなります。まずは該当する科の医療機関を受診して、治療を受けることが推奨されます。

特に「1〜2週間以上改善する様子もなく、その症状が続いている」「日常生活や仕事に、すでに何らかの支障が出ている」という状態であれば、医療機関を受診してください。

そして治療を受けながら、本章のアドバイスを、できるところのみ試してみてください。治療を受け始めた場合は、主治医の指示が第一優先です。本書のセルフケア法は、主治医の指示と矛盾しないところのみ、取り入れてください。

もし「本格的な過緊張」にいくつかチェックがついた人でも、「その症状を自覚して、まだ数日しかたっておらず、仕事や日常生活は普通にこなせている」場合や、「月に数日（もしくは数回）、ときどき出るだけで、連続して出現していない。仕事や生活に影響が出ていない」場合は、本章のセルフケアをまず試しながら、しばらく様子をみてもらってもかまいません。しかし症状が改善しない場合は、該当する医療機関を受診してください。

過緊張ケアのキーワードは「緩める」

人はサーカディアンリズムで生きている

過緊張症状を改善するためのキーワードは、「緩める」です。

過緊張症状が出ているときは、交感神経系が過剰に興奮し、身体も心も過剰な活動モードが続いており、いわゆる「ON」の状態が続いているということでしたよね？

ここで少しばかり過緊張の復習をしてみましょう。

人間は本来、日の出とともに活動をスタートし、日中はほどよく心と身体を緊張させつつ仕事や勉強、他者とのコミュニケーションなどを行います。このとき自律神経系の交感神経が優位に働くことで、活動に必要な緊張状態を維持します。

そして夕方日の入りとともに日中の活動が終わって副交感神経系が優位になること

で、心と身体の緊張が緩められていき、徐々にリラックスモードに入っていきます。自宅に戻り夜がふけるとともに、いわゆる「ＯＦＦ」の状態となり、穏やかな眠りに誘われていく……というのが人間にプログラムされている自然な生体リズムです。こうした生体に備わった一連のリズムは、サーカディアンリズム（概日リズム）と呼ばれたりします。

過緊張の症状が出ているときは、この生体リズムが崩れ、「ＯＦＦ」モードに自然に切り替わらなくなっていて、異常な「ＯＮ」モードが続いています。

そのためセルフケアでは、意識的に「ＯＦＦ」状態に切り替えるための対処法を行っていきます。

つまり意識的に心身を「緩めていく」わけです。そして本来の生体リズムを取り戻せるようになるまで、意識して「緩める」ケアを続けることが重要です。

正しい過緊張ケアとは？

さてここで、あなたが「身も心も緩んで、心底リラックスしているとき」を想像してみましょう。

あなたが緊張から解放され、完全にＯＦＦモードに入り、副交感神経が優位になっている状態です。

あなたは、どんなシーンを想像するでしょうか？

ご参考までに、巷《ちまた》でリラックスしているシーンとしてあげられるシチュエーションを、10個ほど列挙してみましょう。次ページ表3－1をご覧ください。


あなたが心底リラックスしているシーンに近いものはあったでしょうか？

実は、過緊張を「緩める」セルフケアとしては、表3－1にあげたすべてがＯＫではありません。

種明かしをすると、6番以降には、過緊張ケアとしては、要注意の行動を列挙してあります。特に8番から10番は、過緊張の症状が出ているときに不用意に行うと、かえって症状が悪化する恐れがあります。

逆に1番、2番、3番は、過緊張ケアにとって必須といってもいい項目です。

4番、5番、6番、7番は、過緊張の状態と、土台となるセルフケアができていれ

表3-1　リラックスしているシチュエーション例

☑ **当てはまるものにすべてチェックを入れてください。**

	1	心地よいベッドで、目覚ましをかけずに身体が求めるだけ、ぐっすり眠る
	2	時間を気にせず、ゆったりと食事を自宅で楽しんでいる
	3	熱くも寒くもない快適な部屋で、ソファーでのんびり寝転がってくつろいでいる
	4	好みの映画やドラマ、音楽などを、自宅で気ままに楽しんでいる
	5	近くの公園や街を、ぶらぶらと散歩したり、ゆっくりサイクリングしたりする
	6	マッサージやエステ、サウナなどに行って、心地よくなる
	7	ジョギング、水泳、ジムなど、身体によさそうな好みのスポーツを楽しんでいる
	8	気の合う友人と会って、美味しい食事とお酒を飲みながら本音で楽しく語り合う
	9	ずっと行きたかったコンサートやスポーツ観戦に行って、時間を忘れて楽しむ
	10	旅行に行き、居心地の良い旅館で温泉三昧したり、海や山のホテルで、優雅なリゾート気分を満喫する

ば、好みで取り入れていくといい事柄です。

「親しい友人と会って、お酒を飲んで話したら、リラックスすると思うんだけど？」

「え？　なぜ、温泉に行ったり、リゾートに行ったりするのが、過緊張ケアによくないの？」

と意外に思われた人もいるかもしれませんが、その理由は、次の項目から順にお話ししていきましょう。

身体の緊張を解きほぐす「ストレス対処のための3つのR」

過緊張ケアには順番がある

一般的に「心身がリラックスする」「ストレスに疲れた心を癒す」「身体の緊張を解きほぐす」と言われていることには、大きく分けて、3種類あります。

それは、「休息（Rest）」「リラクゼーション（Relaxation）」「レクリエーション（Recreation）」です。

ストレスケア関連の記事を読むと、「ストレス対処のための3つのR」として、よく紹介されています。

メンタルケア関連の書籍やサイトなどで、ストレス対処法の3つのRとして紹介されている場合は、

①レスト（Rest）～休息・休養～
②レクリエーション（Recreation）～楽しみや気晴らし、趣味～
③リラクゼーション（Relaxation）～心や身体の緊張を緩める活動～
の順番で紹介されていたりするのですが、過緊張のセルフケアの場合は、②と③が完全に逆になります。

すなわち、

①レスト（Rest）～休息・休養～
②リラクゼーション（Relaxation）～心や身体の緊張を緩める活動～
③レクリエーション（Recreation）～楽しみや気晴らし、趣味～

というのが、過緊張をケアするための正しい順番です。
まずは、一つずつ解説していきましょう。

レスト（Rest）〜休息・休養〜

心と身体の休息と休養、健康の維持と疲労回復に直結する事柄がレスト（Rest・休息）です。

「安全かつ快適な部屋で十分に心と身体を休める」

「十分に時間をかけて、栄養のある食事を過不足なく摂る」

「夜に、しっかりぐっすりと睡眠をとる」

これらは人間の基本的な健康を保つために欠かせない超基本的な行動ばかりです。

人間の身体、神経系、ホルモン系、脳などの疲労を回復してエネルギーを補い、正常な心と身体の機能を回復するために必要不可欠な行為が、このレスト（Rest）なのです。

過緊張の際は、交感神経系が過剰興奮しすぎてしまい、心身のエネルギーがマイナスに傾きはじめています。

まずはしっかりレストをとって、心身のエネルギーを回復しなければなりません。

リラクゼーション（Relaxation）〜心や身体の緊張を緩める活動〜

主に呼吸を落ち着かせたり、筋肉の緊張を解くなどの精神を安定させる行為が、リラクゼーションです。

心地よく入浴して、身体をリラックスさせる。

ストレッチやヨガ、瞑想《めいそう》などで筋肉の緊張をほぐし、呼吸を整える。

自宅でアロマを焚《た》いたり、音楽を聴いたり、気持ちが穏やかになったり笑ったりできるような動画やテレビをマイペースで楽しみ、心身の緊張をほぐす。

散歩やウォーキングやサイクリングなどの、手軽にできて、かつ慣れている軽めの有酸素運動で、全身を心地よく動かす。

自宅近くの行き慣れたマッサージやエステに行って施術を受けることも、ここに入ります。

リラクゼーションは、前述したレスト（Rest）に比べて、ややエネルギーを使う行動ですが、慣れ親しんだ環境でゆったりリラックスしつつ、心身の緊張をほどよく解きほぐす効果があります。

レスト（Rest）がしっかりとれて心身のエネルギーレベルが回復したのちに、このリラクゼーションを行うと、相乗効果で過緊張がほぐれていきます。

ただし、リラクゼーションの行動は、「自宅や自宅近辺で行えること」「慣れ親しんだ場所や方法」というのがポイント。例えば散歩やウォーキングをするのに遠出をしたり、マッサージを受けるために新しい店に行ってしまったりすると、新たな緊張が加わってしまい、エネルギー消費がさらに大きくなってしまいます。つまりリラクゼーションではなく、次のレクリエーションになってしまうのです。

レクリエーション（Recreation）～楽しみや気晴らし、趣味～

趣味や娯楽、好みのスポーツ、ゲームなど、仕事以外の好きなことをする時間を持つことがここに入ります。

友人との飲み会に行っておしゃべりする、好みのイベントやコンサートに行く、旅行に行く、スポーツ観戦に行く、またはゴルフやサッカーなどのスポーツをする、ゲームに没頭、ガーデニングやバイクいじり、楽器の練習、英会話などの趣味の活動を楽しむ、といった事柄がここに入ります。

これらの行動は、前述したリラクゼーションに比べて、エネルギー消費がさらに多くなります。十分にレスト（Rest）がとれてリラクゼーション（Relaxation）で心身の緊張がほぐれたのちに行うべきなのです。

若くて体力がある人ほど、ストレスで過緊張症状に陥ったときに、「よし、ストレス解消だ！」と、こうしたレクリエーション行動で気晴らしをしようとしますが、エネルギーが枯渇している段階で行うことは絶対にNGです。

好きなことに打ち込むことや、嫌なことを忘れるくらい楽しい体験をするのは、たしかに心の疲労やストレスの解消に役立ちますが、エネルギー消費をレスト（Rest）が取れていないときに行うと、かえって症状が悪化してしまいます。

いかがですか？

あなたが今まで行ってきたセルフケアは、「レスト（Rest）」→「リラクゼーション（Relaxation）」→「レクリエーション（Recreation）」の順にできていたでしょうか？

繰り返しになりますが、何らかの過緊張症状をキャッチしたら、まず一番にすべきことは、バランスを崩してしまった自律神経系の疲労を回復させるために、しっかり心身を休ませることです。

過緊張の症状が出てきたということは、身体や心が何らかのストレスによって、「なんとかしてくれ！　このままだとダメになる」とSOSをあげだしたということです。

車でいうと、ガソリンを使い果たし、ガス欠サインが出始めた状態です。

そのため、まずは人間の健康の土台である、睡眠と食事をしっかりとって、しっかり休息して、心身のエネルギーを回復させなければなりません。

心身のエネルギーを改善させないままに、リラクゼーションやレクリエーションを行っても、さらにエネルギーを消耗し、入浴やアロマ、マッサージ、散歩といった心や身体が緩まりそうなリラクゼーションであれ、友人との食事会、趣味の活動や旅行、娯楽といった気持ちが晴れそうなレクリエーションであれ、何かを行うためには、エネルギーが必要です。

特にレクリエーションに分類された項目は、外に出ていくために体力が必要ですし、人と会話し、趣味の活動をするためには、気力も必要となります。

トータルなエネルギーの消耗度で考えると、「リラクゼーション」は「レクリエーション」より小さくなります。

大切なことなので再度まとめますね。

- 過緊張症状が出ているときは、心身のエネルギーが消耗している状態なので、まずはレストで、しっかりとエネルギー補給してあげることが大切。
- エネルギー不足の状態でリラクゼーションやレクリエーションの行動をとっても、効果がでないばかりか、エネルギーがさらに枯渇した場合は、症状が悪化してしまう。

この基本をしっかり頭に入れておいてください。

では、次からレスト、リラクゼーション、レクリエーションの順に、より詳しい実践法を解説していきましょう。

過緊張症状を自覚したら真っ先に行う3つのレスト（Rest）

その1

まずは何がなんでも睡眠時間を確保する！

脳の疲労は眠りで取る

過緊張症状をキャッチしたら、まずはとにかくしっかり寝ましょう。心と身体が最高にリラックスして休息できる行為は、とにもかくにも睡眠です。

睡眠を十分にとらないことには、身体も心も根本的に疲労を癒し、エネルギーを回復することができません。体力も気力も集中力も朗らかな明るい気分も、良質な睡眠が基本となって生み出されていきます（睡眠の詳しい効果や効能については、次章で詳しく解説します）。

特に脳は眠らなければ、疲労のメンテナンスができません。自律神経の中枢は、脳の中にあります。過緊張状態のときは、自律神経のバランスが崩れかけています。まずはしっかり睡眠をとって脳を休ませないと、自律神経のバランスが改善しないのです。

逆にいうと、睡眠がしっかりとれていない状態では、どんなに心や身体によいとされるケアや治療をやっても、効果は出ないといっても過言ではありません。

とにかく、まずは睡眠をしっかりとれる態勢を確保しましょう。

過緊張症状が出ているときは、基本的には**「身体が求めるだけしっかりと眠ってあげること」**が必要です。

休日はできるだけ目覚まし時計をかけずに、しっかりと眠ってあげましょう。

ちなみに私は過緊張気味になったら、休日の午前中には絶対に予定は入れないようにしています。

「明日の朝は時間を気にせず、ゆっくりと眠れる」と思うだけで、心身の緊張が緩み、夜眠るときのリラックス度が格段にあがります。

ただし昼過ぎまで眠ってしまうと、睡眠のサイクルが乱れて昼夜逆転状態になってしまい、自律神経のリズムが乱れますので、**休日の前日はできるだけ早く床に就くよ**

図3-2　理想的な睡眠パターン例

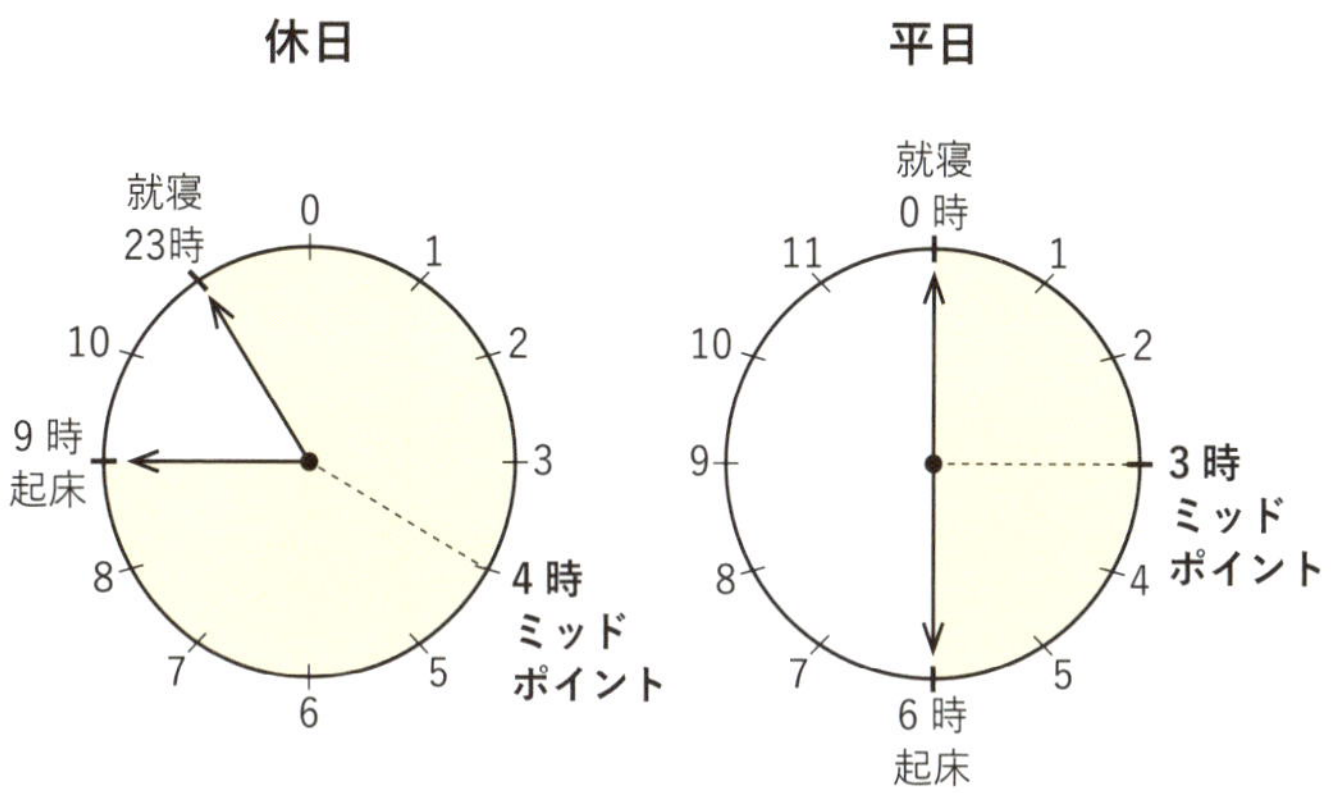

うにして、午前10時ぐらいには一度起床するようにしてください。

人間の身体には睡眠リズムをつかさどる体内時計が備わっていることがわかっているのですが、体内時計をできるだけ乱さずにしっかり眠るコツは、睡眠時間のミッドポイント（就寝時間と起床時間の真ん中の時間）を2時間以上ずらさないことです。

例えば平日は0時に寝て午前6時に起きる人のミッドポイントは午前3時です。休日に、眠る時刻を23時に早め午前9時に起きると、ミッドポイントは1時間ずれるだけで、4時間も多く眠ることができます。

軽い過緊張の症状であれば、土曜日と日曜日に、ぐっと眠ることができると、かなり解消することができます。

仕事がある平日でも**最低6時間以上の連続した睡眠**を確保してもらいたいものです。

帰宅後の家事はできるだけ手を抜く、ネットやテレビをダラダラ見るのはやめるなどして、とにかく10分でも20分でも多く、睡眠時間を確保してください。

過緊張を解消するための睡眠は、細切れではなく、連続して眠ることがポイントです。

睡眠にはサイクルがあります。夢を見る「レム睡眠」と大脳を休める「ノンレム睡眠」が約90分周期でワンセットとなり、このセットを何回か繰り返していくことで、睡眠中に心身の疲労を回復していきます。6時間連続で眠ると、このセットを4回繰り返せる計算になりますね。

心身が健康でパワーが十分あるときは多少の睡眠不足は気力や体力でカバーできますが、過緊張症状が出ているときには、このサイクルを意識して4サイクル以上は回して、しっかり疲労回復を行う必要があります。

ちなみに、ごく稀《まれ》にショートスリーパーといわれる睡眠時間が4～5時間でも日中全く眠気がなく睡眠不足にならない人が、人口の4％ぐらいいます。多くは小児期、若年期から睡眠時間が短く、その体質は生涯続くとされています。ショートスリーパーの人は、たとえ休日であっても、5時間以内で目が覚めてしまいます。しかも日中に疲労や眠気は全く感じません。

私は長時間労働者と面談していて睡眠不足を指摘すると、「私はショートスリーパーだから大丈夫」という人にときどき出会いますが、その多くが休日には6時間以上の睡眠をとっているという偽ショートスリーパーです。こういう人は、平日は5時間以下の睡眠で活動はしていますが、日中に眠気やだるさをしょっちゅう感じています。平日に睡眠不足を溜め込み、休日に長く寝ることで、なんとか睡眠の不足分を補っているにすぎません。

私自身、真のショートスリーパーには、今まで数人しか出会ったことがありませんが、もしあなたが真のショートスリーパーならば、「自分の疲労回復ができるベストな睡眠時間」を、過緊張回復の目安として設定してください。

過緊張で眠れないときにはどうしたらいい？

「睡眠が大切なのはよく理解したけど、過緊張になってきたら、眠れなくなるんだよ」

「仕事のことがぐるぐる頭を回って、なかなか寝つけないし」

「ようやく眠っても、眠りが浅くて、夜中に何度も起きてしまう」

あなたは、今、そんなふうに思ってイライラしているかもしれません。

そのお気持ち、とてもよくわかります。私自身も、過緊張になると、すぐ睡眠に影響が出るタイプですから。

心配事や不安があると、頭が妙に冴えてしまって寝つけなくなることも、夜中に目覚めやすくなって睡眠が浅くなってしまうことも、何度も経験しています。

もしあなたが、このような過緊張状態に陥り不眠気味になってきたら、まずやっていただきたいことを、日中から順に書いていきます。これらは私自身、実行していることばかりです。

カフェイン飲料は1日2杯までにして、午後以降は控える

コーヒーはもちろん、紅茶、ココア、緑茶、ほうじ茶、ウーロン茶にもカフェインが含まれています。エネルギードリンクや栄養ドリンクにも含まれていることが多々あります。

カフェインは体内に入ると、約4～6時間は覚醒効果が持続します（体質や体調によっては8時間以上続く場合もあるという研究報告もあるようです）。カフェイン飲料を飲んで、たとえ眠れたとしても眠りが浅い質の悪い睡眠になってしまいます。

そのため体調が良い時期でも、カフェイン飲料は午後5時以降は飲まないほうが睡眠に良いとされていますが、過緊張症状があらわれているときは、ただでさえ交感神経が高ぶり覚醒度があがっていて、イライラや不安を感じやすくなっています。カフェイン飲料はできるだけ飲まないほうがいいですが、もしどうしても飲みたければ朝食後や昼食後の眠気覚ましとして、1日1～2杯程度に抑え、午後からは飲まないようにしましょう。

日中にほどよく身体を動かす時間をつくる

夜に自然な眠気がやってくるためには、日中に身体を動かすことで得られるほどよい疲労感が必要です。精神的には疲れているが、身体は動かさず肉体的にはほとんど疲れていないという肉体と精神の疲れ度合いのアンバランスが高じると、寝つきが悪くなっていきます。

もしあなたが、電車やバスで通勤している場合は、平日の運動は、さほど意識する必要はありません。通勤によって屋外を徒歩で歩くことで、自然にウォーキング時間が確保できていることが多く、肉体的な疲労感が適度に得られているはずです。

しかしリモートワークの場合やドアツードアの車通勤をしている人の場合は、日中にウォーキングする機会がほとんどありません。この場合は、意識して身体を動かして、肉体的にもほどよく疲労を高める工夫が必要です。昼休憩や帰宅後に、できればトータル20分程度のウォーキング時間をつくるか、屋内で軽く汗ばむ程度の体操をして、脳の疲れと身体の疲れのバランスをとることを意識してください。社屋やショッピングセンターの階段を上り下りするだけでも、適度な運動ができますよ。

炭水化物が適度に含まれた夕食を、眠る3時間前までに食べる

夕食後に血糖値が程よく上がることによっても、眠気が訪れやすくなります。

過緊張症状が出ているときは、心身が疲労しているために、できるだけ栄養バランスのとれた食事を過不足なく摂りましょう（具体的な食事については、次項で詳しくお伝えします）。肉や魚といったたんぱく質と、野菜などのビタミン・ミネラルとともに、ご飯やパン、麺など炭水化物が程よく含まれた食事を意識して摂取してください。

糖質オフダイエットをしている人は、過緊張症状が出ているときには、一時休止してくださいね。

ただし食事は、睡眠予定時刻の3時間前までに食べ終わることが理想です。眠る直前に食事をとってしまうと、胃腸の動きが活発になるため、睡眠が浅くなってしまいます。

最低でも眠る2時間前までに食事を終えてください。

寝る前は運動やSNS、ゲームを避け、できるだけ穏やかにリラックスして過ごす

夜は極力、穏やかで心地よい、刺激の少ないリラックスした時間を過ごすように心がけます。ソファーでくつろぐ、静かに音楽を聴くなどして、のんびりと過ごすようにしてください。夜に運動をしたり、ＳＮＳで他者とのコミュニケーションをとったり、ゲームをしたりすると、交感神経がさらに興奮してしまい、過緊張症状が悪化します。

入浴は眠る1時間前までに入り、長風呂はしない

眠気は、身体の深部体温が上がったのち、下がってきたときに訪れます。

入浴により深部体温を上げ、血の巡りを良くすることで筋肉の緊張がほどけると、深い睡眠に入りやすくなりますので、過緊張時には、入浴は基本的にはおすすめです。

ただし深部体温が下がっていく時間が必要なので、その時間を見越して入浴することが大切です。眠る直前に熱いお風呂にしっかり入ってしまうと目が覚めてしまうば

かりか、夏場などは特に深部体温がなかなか下がらず、寝たい時刻になっても眠気が訪れなくなってしまいます。

照明を落とし気味にして、スマホやIT機器には触らない

スマホやパソコンからは太陽光線と似た波長のブルーライトが出ているため、脳が日中だと勘違いしてしまい、自然な眠気が阻害されてしまいます。

過緊張症状が出ているときほど、夜にスマホやパソコンなどのＩＴ機器には、できるだけ触らないようにしてください。特に眠る1～2時間前からは、ＩＴ機器の操作はやめてください。

蛍光灯も同じくブルーライトに近い波長ですので、寝室の照明には蛍光灯をやめて、ランプ色のものを使い、ホテルの部屋のような暗めの照明にすると、眠気を呼び起こしやすくなります。

鎮静系のアロマオイル、ハーブティーなどを活用する

質の良いアロマオイルは、嗅神経から脳に作用することが証明されています。鎮静

系のアロマオイルであるラベンダー、カモミール、スイートオレンジなどを活用してみましょう。アロマオイル用のディフューザーがなくても、枕元においたティッシュに垂らしておくだけでも、香りの効果を得ることができます。

またカモミールティー、ビターオレンジ、パッションフラワーなどのノンカフェインのハーブティーにも、不安やイライラを鎮静させて、入眠を促す効果があるとされています。

アロマオイルやハーブティーには、睡眠薬のような劇的な催眠効果は期待できませんが、好みの香りや味があれば、ぜひ活用してみてください。

寝床にスマホを持っていかない

寝床に目覚まし代わりにスマートホンを持ち込んでいませんか？　これは絶対にやめてください。目覚まし代わりにスマートホンを使っている人は、枕元から遠く離して置くか、アナログの目覚まし時計に変えてください。

スマートホンから出るブルーライトだけでなく、通知の着信などで頻繁に発生するバイブレーションで、安眠が妨害されてしまいます。

またスマートホンは、仕事中や日中の「オンタイム」に活用するアイテムです。今から睡眠をスタートしようとする究極の「オフタイム」に、オンタイムのイメージや情報がぎっしり詰まったスマートホンを眺めてしまうと、たとえブルーライトをカットしたとしても、日中の記憶や感情がよみがえってきて過緊張が増長され、眠りの妨げになってしまいます。

過緊張気味になったときは、特に寝室や寝床では、日中の記憶が誘発されないように、スマホだけではなく、仕事関係の本や書類を持ち込まないなど、細心の注意をはらってください。

寝床で目を閉じたら、「感謝する人や物事」を思い出す

過緊張状態になってくると、「明日の仕事のことが気になってしまい落ち着かない」「日中に起こったストレスフルな出来事を繰り返し考えてしまう」などと、頭の中をグルグル思考が回って眠れなくなることがよく起こります。

そんなときは、意図的に思考をストレスフルな出来事から引き離すことが必要です。

アメリカの心理学者で「ポジティブ心理学」を提唱したマーティン・セリグマン教授は、寝る前に「3つのいいこと」を理由も添えてノートに書くという方法を提唱しています。例えば「昼食に食べた定食が、予想外に美味しかった」「久しぶりに遠方の友達から連絡があって嬉しかった」といった、その日に思いつく些細なことでかまいません。

セリグマン教授の研究では、この行為を1週間行うことで、その後半年間にわたってうつ病患者の幸福感が高まり、抑うつ感が改善されたということが報告されています。

しかし過緊張症状が出ていて心身が疲労しているときに、毎晩、紙に筆記するという作業は、かなり面倒くさくハードルが高く感じられるものです。

また過緊張症状が出て気持ちがネガティブに傾いているときに、なかなか「いいこと」が見つからない場合も多々あります。

そこで、私自身が実行していることは、寝床で「これまでの人生で感謝している人を、ひたすら思い出す」という方法です。

「これまでの人生で、自分に良くしてくれた人やお世話になった人の顔を思い出して、心の中で感謝の気持ちを伝える」という方法ならば、気持ちがどんなにネガティブに傾いていても可能ですよね。

例えば、「幼いころに優しく面倒を見てくれた祖母や祖父の顔を思い出し、心の中で『かわいがってくれてありがとう』と唱える」「学生時代に励ましてくれた恩師の顔を思い出し、『あのときはありがとうございました』と心の中で感謝の言葉を伝える」などです。

自分の子供時代から現在までをゆっくり思い出しながら、感謝を伝える人を思い出していくと、自然に今の「気になること」から意識が引き離され、穏やかな眠りに入っていきやすくなります。

寝ながらできるマインドフルネス瞑想もおすすめ

マインドフルネス瞑想は、座ってあぐらを組んで目を閉じて……というイメージがあるかもしれませんが、実は寝床で寝たままで行うことができます。

静かな寝室で目を閉じて横たわり、できるだけゆったりと深い呼吸を行います。

意識はすべて呼吸に向けていきます。息を吸い込む際には、鼻腔から空気が入って鼻の奥を通り肺へ入っていく流れをじっくり感じます。そして空気がまた肺から戻ってきて鼻の奥から鼻腔を通って出ていく感覚も、じっくりと追いながら感じていくのです。

マインドフルネス瞑想では、これをただひたすら繰り返していきます。

呼吸の感覚に意識を向けているつもりでも、ついつい「気になること」を思い出したり、さまざまな思考が頭に浮かんでくるでしょう。

「気になることをまた考えているな」「嫌なことを思い出しているな」と気づいたら、また静かに呼吸の感覚に意識を向けなおします。そして思考が浮かんだら、また呼吸に意識を戻す……これをひたすらやっていきます。

マインドフルネス瞑想には、心を「今ここ」に戻して、精神を落ち着かせる効果が科学的にも証明されています。ベッドで行う「寝る瞑想」は、毎晩、気軽にできる瞑想ですので、普段から寝床に入ったときの習慣にしておくと、過緊張のときにも行いやすいでしょう。

どうしても眠れない日が増えてきたら、薬を賢く活用する

ここまで紹介した方法を試しても、どうしても十分に眠れない場合は、睡眠をサポートする薬の活用をお勧めします。

「寝つきが悪くて1時間以上かかる」「途中で何度も目覚める」「仕事や気になることの夢ばかりみて寝た気がしない」「早朝に目覚めて眠れない」などの症状が、1週間のうち3日以上起こり、2週間以上継続しているようならば、すでに不眠症が始まっています。

こうなれば、自力で改善することは困難な場合が多く、睡眠不足が続けば続くほど、脳の疲労が蓄積して、集中力や思考力が低下するため仕事のパフォーマンスが落ちてミスが誘発されたり、イライラや不安が高じて気持ちのコントロールが悪くなったりしてトラブルが誘発されやすくなります。

すると さらに「気になること」が増えてしまい、さらに眠れないという悪循環に入ってしまいます。

こうした悪循環に陥らないためにも、早めに睡眠をサポートする薬を活用して、しっかりと睡眠状態を改善しましょう。

「睡眠薬は副作用が怖いから絶対に使いたくない」とかたくなに拒む人に、ときたま出会いますが、長年かけて医学の英知が積み重なり開発されてきた医薬品の恩恵を拒絶するのは、非常にもったいないことだと思います。

一番のおすすめは、不眠症の専門家である心療内科や精神科を受診して、睡眠導入薬や睡眠薬を処方してもらうことです。

「睡眠薬の副作用や依存性が怖い」とマスメディアの過剰報道によって悪いイメージを持っている人がいますが、医師の指導のもとで、短期間だけ使うぶんには、依存性も副作用も滅多に出現しません。

逆に過緊張によって不眠症が出現してきた際には、薬を使って早めに改善しないと、睡眠不足がどんどん蓄積して本格的に脳が疲労してしまうため、短期間での改善が難しくなってしまいます。同時に睡眠不足によって集中力が落ちるために、ミスやトラブルが起こりやすくなり、さらに追加のストレスが発生してしまい過緊張症状が悪化するという「負の不眠ループ」に入ってしまう可能性も高まります。

私自身は、過緊張で不眠が続き始めると、すぐに薬を飲んで脳の疲労をとるようにしています。早め早めに過緊張の不眠を改善するように心がけているため、1週間ほど断続的に睡眠薬を使うだけで、すぐ症状は改善してしまいます。今まで何か月も睡眠薬を連用したこともありませんし、依存性ももちろん出ていません。

先に紹介したセルフケアをやってみても不眠が改善しない場合は、できるだけ早く専門医を受診して相談してください。

参考までに、過緊張時によく処方される睡眠薬について解説しておきますね。初診の不眠の患者さんによく処方されるのは、次のような寝つきだけよくして朝には残らない睡眠導入剤、または依存性が起こらないとされる新しいタイプの睡眠薬です。

超短時間型の睡眠導入剤（半減期が2〜4時間程度）

- ゾルピデム（商品名：「マイスリー」など）
- ゾピクロン（商品名：「アモバン」など）
- エスゾクピロン（商品名：「ルネスタ」など）

これらは、非ベンゾジアゼピン系と呼ばれる睡眠導入剤で、内服後に脳内のベンゾジアゼピンという受容体の一部に薬がくっつくことで、脳をリラックスさせるGABAの働きを高め、催眠や抗不安作用を発揮します。昔からあるベンゾジアゼピン系睡眠薬より、依存性やふらつきなどの副作用が起こりにくいとされています（※ただし体質によっては、眠気やふらつき、頭痛、悪夢などが起こる場合もあります。高齢者では一時的な認知機能の低下が起こることがあります。また長期間漫然と連用すると依存性が起こることもあります。そのため専門医の指導のもとで内服することが推奨されています）。

次に紹介する「依存性がおこらない新しいタイプの睡眠薬」より、効果に個人差が少なく、確実に寝つきが改善され、朝にも残りにくいので、過緊張による不眠症状にはよく処方される薬です。

私自身、過緊張で寝つきが悪くなった場合には、これらの薬を内服することが多いです。

依存性がおこらない新しいタイプの睡眠薬

・ラメルテオン（商品名：「ロゼレム」）
・スボレキサント（商品名：「ベルソムラ」）
・レンボレキサント（商品名：「デエビゴ」）

ラメルテオンは、メラトニン受容体アゴニストに分類される薬剤です。眠気を誘発し体内時計のリズムをつくっているメラトニンの働きを強化します。

ベルソムラやデエビゴは、オレキシン受容体拮抗薬に分類される薬剤です。人を覚醒させるために働くオレキシンという物質の働きをブロックし、睡眠へとスイッチを切り替えていく薬です。

どちらも、もとから体内に存在する生理的な物質に作用するため、依存性が極めて少ないとされています（睡眠薬の依存性を気にする患者さんには、こちらの睡眠薬が、最初に処方される場合も最近増えています）。

しかしその反面、個人の体質にも影響を受けるため、効果や副作用（日中の眠気やだるさ、ふらつき、頭痛、睡眠中の悪夢など）に個人差が大きいという特徴があります。

これらの睡眠導入剤や新しいタイプの睡眠薬を使っても、早朝に起きてしまう早朝覚醒や、夜間に何度も起きてしまう中途覚醒などの不眠症状が改善されない場合は、より効果が継続するベンゾジアゼピン系睡眠薬が処方されることもあります。

ベンゾジアゼピン系睡眠薬は、長期間連続使用すると依存性が形成されやすい、高齢者にはふらつきがおこりやすいというデメリットはありますが、ほかの睡眠薬にはない不安を改善する効果や筋肉を緩め肩こりや頭痛を改善する効果もあります。心療内科や精神科の医師の指導のもと、短期間使用する分には、ほとんど問題はおこりません。

また専門医が、不眠症状だけでなく抑うつ症状も強いと判断した場合は、抗うつ薬でかつ睡眠効果も期待できる薬（「ミルタザピン」など）が処方されることがあります。

すぐに心療内科や精神科に行く時間がとれないという人は薬局で相談を

心療内科や精神科を標榜しているほとんどのクリニックでは予約が必要です。「過緊張で不眠症状が出てきているが、毎日ではない」「すぐに予約が取れず、受診が数週間先になる」という場合は、緊急対応先として薬局で相談するのもアリです。薬局で買える不眠に効果がある薬は、78ページでも紹介した睡眠改善薬や、漢方薬があります。それらを少し詳しくお伝えいたします。


【睡眠改善薬】

(商品名「ドリエル」「ネオディ」「リボスミン」「ハイヤスミン」など)

睡眠改善薬は、医師が処方する睡眠薬や睡眠導入剤ではなく、薬局で市販されている一般用医薬品です。風邪薬や鼻炎薬などに含まれる眠くなる成分(抗ヒスタミン剤成分)で作られています。緑内障や前立腺肥大といった持病のある人や、車両の運転や機械の操作をする人、妊婦や授乳中の人以外は、気軽に薬局で買って内服することができます。

睡眠改善薬は、「一時的な不眠」には効果的なのですが、数日で耐性ができてしまい効果が出なくなってしまうという欠点があります。

過緊張症状がすぐ改善せず、不眠症状が続く場合は、専門医に必ず受診して、相談してください。

睡眠に効果のある漢方薬

薬局では、クラシエやツムラをはじめとするさまざまなメーカーから販売されている漢方薬を購入することができます。

漢方薬は、処方薬や西洋薬のような即効性には乏しいながらも、体質に合うと期待以上の効果が得られることもあるようです。また効果が出るまでに1か月ほどかかるとされています。

私は漢方については詳しくないため、睡眠に効果があるとされる代表的な漢方薬を2種類だけ紹介しておきます。ほかにも不眠解消に効果があるとされる漢方薬もありますので、詳しくは漢方医や漢方薬局などで相談したうえで、ご自身の体質に合ったものを服用されることをお勧めします。

【抑肝散】

「抑肝散《よくかんさん》」は、体力が中等度あり、神経がたかぶって怒りやすかったり、イライラがあったりする人向きの漢方薬です。眼が冴えて眠れない時に、入眠しやすくなる効果が期待できるとされています。

散剤・錠剤のほか、「アロパノール」（全薬工業）などに代表されるドリンク剤も販売されています。

【加味逍遙散】

「加味逍遙散《かみしょうようさん》」は、体力が中等度あり、のぼせ感があり、肩こり、疲れやすさ、イライラ、精神不安、便秘などがある人向きの漢方薬。イライラや不安に作用するので、ＰＭＳ（月経前症候群）や更年期障害の精神症状を改善するために婦人科系でもよく処方されます。

睡眠に対しては、中途覚醒、早朝覚醒、熟眠障害に対して効果が期待できるとされています。

その2

栄養豊かな食事タイムをたっぷり確保する

食事はあらゆる働きのエネルギー源

過緊張症状がおこったときに、睡眠と同じくらい大切なレストは、食事です。

食事は、身体のあらゆる働きのエネルギー源です。

さらに食事は、身体を動かすためのエネルギー源であると同時に、皮膚、筋肉、血液、骨、脳を含めた神経系など身体のすべての構造物をつくり出し、メンテナンスを行いながら機能を維持するための原料でもあります。

食事は身体の維持だけでなく、心の安定や気力・集中力にも深くかかわっています。精神状態を健やかに保ち、気力・集中力をつくり出すなどの働きを担っている脳内物質（セロトニン、ドーパミン、ノルアドレナリンなど）の原料も、あなたが日々食べている食事なのです。

どんなに性能の良い車でも、ガソリンや電気といったエネルギーが常に補充されないと走り続けることはできませんよね？

人間の身体も同じで、食事というエネルギーがコンスタントに供給されるからこそ、肉体も精神も安定して活動を続けることができるのです。

さて、過緊張状態のときは、ＯＮタイムをつかさどる交感神経系が過剰に働いており、心身のエネルギー消費も高くなっています。

その一方、胃腸の動きをつかさどる副交感神経系の活動が抑制されるため、胃腸の動きが乱れがちとなり、「お腹があまり空かない」「食べようという気がおきない」などと、食欲が低下しがちになります。

だからこそ、意識して良質な食事を摂取して、身体と心にエネルギーを送りこんでやらなければいけないのです。

また食事時間は、人にとって、最も大きく重要なリラックスと快楽のシチュエーションのひとつです。

気の置けない家族やパートナーと、楽しい会話をしながらゆったりと食べる食事時間は、私たちの心に穏やかさと安らぎをもたらしてくれます。

一人で食べるシチュエーションであっても、心地よくリラックスできる環境で、自分の好きな食べ物を、時間に追われず自分のペースで心ゆくまで味わう時間は、至福のひとときです。

過緊張症状を自覚したら、先述した睡眠とともに、良質な食事タイムをできるだけ確保していきましょう。

過緊張時には何をどう食べたらいいのか？

過緊張時には、交感神経系の働きが長時間優位となっていますので、副交感神経系の働きが悪くなっています。

胃腸を動かし消化吸収をつかさどっているのは、副交感神経系であるため、過緊張時には胃腸の働きが不安定になり、胃もたれや、便秘や下痢が起こりやすくなっています。

そのため、できれば脂っこい揚げ物や油たっぷり中華などのオイリーな料理は避けて、できるだけあっさりとした蒸す、ゆでる、煮る、シンプルに焼く、少量の油でいためるといった調理法の料理を選ぶほうがよいでしょう。

ただし、あっさり系ではあるものの、栄養のバランスには、できるだけ気を配ってください。

過緊張時には、疲労回復を促し身体全体のメンテナンスするための、「たんぱく質」や「ビタミン・ミネラル類」が欠かせません。また血糖値を上げて即効性のエネルギー源となり、気力や体力のもととなる「炭水化物（糖質）」も過不足なく食べる必要があります。血糖値が上がることで、夜には自然な眠気がやってきやすくなりますので、ダイエット中の人も、過緊張症状が出た場合は、ダイエットを一時中止して、ほどよく炭水化物をとるようにしてください。

具体的には、次の3グループの組み合わせで、食事を考えるとよいでしょう。

グループ1 たんぱく質

卵、肉、魚、大豆製品のなかから、毎食メインディッシュとして1～2品。

一品あたりの量の目安としては、卵なら1～2個、肉ならば60～80グラム、魚ならば大きめの切り身1つ、豆腐ならば半丁以上、納豆ならば大きめ1パック。

できれば、卵、肉、魚などの動物性たんぱく質のメインディッシュを中心にして、1日3～4品以上はとってください。大豆製品だけだと、アミノ酸に偏りが出てしまい、疲労回復がどうしても劣ってしまいます。

グループ2 炭水化物、糖質

ご飯、パン、パスタやうどんなどの麺類。

一食あたりの量の目安としては、ご飯ならば茶碗1杯程度、パンならば6枚切り1枚以上、うどんや蕎麦、パスタなどの麺類系は、200グラム前後（ゆでた状態の一人分。乾麺の状態では80～100グラムほど）。身体をよく使う仕事や、営業職などで歩行距離が多い人は、運動量や空腹度に合わせて、もっと増やしてください。

グループ3 ビタミン、ミネラル、食物繊維

野菜、海藻、果物などを毎食副菜として1皿。

一食あたりの量の目安としては、手のひら1つ分以上。

野菜はできるだけ緑の濃い緑黄色野菜（トマト、ニンジン、ほうれん草、小松菜、ピーマン、カイワレなど）を中心に選んでください。レタスやキュウリ、キャベツなどの淡色野菜ももちろん野菜ですが、緑黄色野菜と比べてビタミン・ミネラルの含有量が劣ります。

海藻もミネラルが豊富なので、組み合わせるとよいでしょう。

果物は、ビタミン・ミネラル成分と炭水化物（糖質）の成分がミックスされているので、朝食やデザートに、1日1〜2個程度組み合わせるとよいでしょう。


これらの3つのグループの組み合わせで、毎食の食事を整えてください。

参考までに過緊張状態でも食べやすい、胃もたれしにくいおすすめメニューを挙げておきますね。

なお食事は、できるだけ3食食べることがお勧めです。

朝食抜きの人にもときどき出会いますが、朝食は、自律神経系のバランスをとるために重要な働きをしています。バランスのよい朝食を食べることで、血糖値が上昇

表3-3　朝食の参考例

下にいくほどコンビニでも買えるお手軽メニューになっています。

- ご飯、温泉卵や納豆、焼き魚、野菜たっぷり味噌汁
- スクランブルエッグやゆで卵などの卵料理、パン、サラダまたは好みの果物、牛乳や豆乳（コーヒーや紅茶でラテにしてもOK）
- シリアル＋牛乳（または豆乳）、好みの果物
- 好みの果物、プレーンヨーグルト、パン、牛乳や豆乳（飲みにくければラテやオレでもOK）
- 市販のサンドウィッチ、牛乳や豆乳（飲みにくければラテやオレでもOK）
- 市販のおにぎり、ゆで卵（または魚肉ソーセージ）、野菜ジュース
- バナナ、牛乳や豆乳（飲みにくければラテやオレでもOK）

表3-4　昼食や夕食の参考例

胃腸の調子が悪い人はできるだけあっさりメニューがおすすめです。

- ご飯適量、焼き鳥3～5本、緑黄色野菜の入ったサラダや小鉢、味噌汁
- 焼き魚や刺身、緑黄色野菜の小鉢、ご飯、納豆か冷奴、味噌汁
- ご飯かパン、冷しゃぶサラダ、味噌汁かスープ
- オムレツ（卵2個使用）、豆腐サラダやツナサラダ、パン
- チキンソテー、緑黄色野菜のサラダ、スープ
- 肉や魚介類が入った具だくさんのパスタ、ツナサラダや生ハムサラダ
- 魚介や肉、野菜がたっぷり入った一人鍋、ご飯か麺
- 野菜や肉、卵が入った鍋焼きうどん、果物
- 好みの寿司、温泉卵、緑黄色野菜の小鉢、味噌汁
- 卵雑炊、冷奴、緑黄色野菜の小鉢
- 野菜やチャーシュー、卵がたっぷり入ったラーメン（ちゃんぽん麺など）、野菜の小鉢か果物

※過緊張気味だけど、まだ胃腸症状は全くなく、食欲はしっかりあるし、日中はかなり身体を動かすので、エネルギーを十分に補充したいという人ならば、メインディッシュにトンカツやステーキ、ハンバーグ、麻婆豆腐や焼き肉など、スタミナ系の好みの料理を選んでいただいてもかまいません。

し、体温が上がり、脳がしっかり覚醒します。朝食には夜間に優位となっている副交感神経系から、日中に優位になる交感神経系へのスイッチを切り替えるという重要な役目があるのです。朝食を食べる習慣がなかった人も、まずはバナナとミルクなどの手軽なものからスタートしてください。

過緊張症状で十分に食べられない場合は？

過緊張の症状が胃腸に出てしまい、胃が重い、ムカムカする、腹痛がする、下痢や便秘などが続いていて、十分に食事が食べられなくなっている人は、まずは消化器内科を早急に受診してください。

「食べられない」から、「食べたくない」からと、食事をとれないまま放置していると、どんどん身体が弱っていき、倦怠感が悪化していきます。場合によっては、めまいやふらつき、動悸といった身体症状や、気力の低下、憂うつ、イライラなどのメンタル症状が出現する場合もあります。

まずは早急に内科を受診して治療を受けたあと、食べられるものを、小分けにして少しずつ食べていき、栄養を身体にこまめに補給してあげてください。

おすすめは、消化の良い炭水化物と、胃もたれしないたんぱく質との組み合わせです。

例えば、お粥《かゆ》、素うどん、オートミールなどの消化しやすい炭水化物と、温泉卵、豆腐、茶碗蒸し、白身魚の煮つけ、はんぺんといった、あっさりした胃もたれしにくいたんぱく質ならば、胃腸の動きが悪いときでも、食べやすいと思います。

飲み物も工夫して、ビタミン、ミネラル、アミノ酸などが含有された栄養ドリンク(カフェイン入りのものは避けてください)や栄養ゼリー飲料、良質なたんぱく質が含まれた豆乳や牛乳などで、できるだけ栄養を補給するようにしてください。

アルコールや甘いものの多量摂取は絶対にダメ!

過緊張時には、気分をほぐす効果があるアルコールや甘いものが、やたらと欲しくなる人がいますが、これらの多量摂取は絶対にやめてください。

アルコールも甘いものも、多量に摂取すると、心身の疲れが倍増し、さらに過緊張症状が悪化する原因になってしまいます。

アルコールも糖分も、身体の中で代謝する際に、多量のビタミンやミネラルを消費してしまうので、飲食しているそのときは気分がよくても、あとからどっと疲労感が増してしまうのです。その結果、気分のイライラが抑えられなくなったり、集中力が落ちて仕事が進まなくなったりと、さらに悪循環に入ってしまいます。

「アルコールを飲むと、気になることが紛れて眠りやすくなる」と、過緊張時の睡眠薬代わりにアルコールを飲む人にときどき出会いますが、このようなアルコールの飲み方をしていると非常に危険です。**アルコールには、睡眠薬より強い依存性がある**ため、手放せなくなってしまい、どんどん量が増えていくのです。私は何人も、アルコールの多量摂取によって、ひどい肝機能障害を起こしたり、アルコール依存症になってしまったりした人に出会いました。絶対に睡眠薬代わりにアルコールを使うことは避けてください。

過緊張症状を自覚したら真っ先に行う3つのレスト（Rest）

その3

「何もしない休息時間」をたっぷり自分にプレゼント

レストの仕上げは「何もしない休息時間」を十分とる

過緊張の解消のためには、まずは、たっぷりの睡眠と、消化の良い栄養豊かな食事をとることが最重要項目ですが、それと並行して、「何もしない休息時間」を可能な限り確保してください。

心と身体の過度の緊張によって出現している過緊張症状を改善するには、「何かする」という発想から、「何もしない時間」を自分にプレゼントしてあげるという発想に切り替えなければなりません。

ソファーやベッドでごろっと横になっているだけでOKです。

窓辺で居心地の良い椅子に座って、日向ぼっこしたり空をボーっと眺めたり……なんていうのもおすすめです。

できれば1日、難しければ半日や数時間でもいいので、自分自身に、「何もしないこと」を許してあげてください。

生きていくために必要な食事などの家事は、最小限にして、手を抜けるところはどんどん手抜きしてください。

私は夫と二人の息子を持つ母であり主婦でもありますが、自分に過緊張症状が出ているときは、食事は外食するか、スーパーの総菜、レトルト食品などをフル活用して、とにかく料理は徹底的に手抜きをします。

掃除や洗濯は、日ごろから夫婦で分担していますが、自分の分担分を適度にサボったり、夫にワケを話してお願いしたりして、とにかく「やらなくてはいけない」ことを減らして、できるだけ「何もしない時間」を増やしてレスト時間を捻出します。

日ごろから真面目で働き者の人や短時間で多量の仕事をこなしている優秀な人ほど、「何もしないこと」を、「怠けている」「時間を無駄にした」ととらえて、自分を責めてしまう傾向があります。

しかし過緊張症状が出ているときは、あなたの心身が「異常な緊張状態が続いて、

もう壊れそうだ!!」と、SOSを出している緊急事態です。

自分の心身に「休み」を与えることを、どうか許してあげてください。

以上のように、睡眠、食事をしっかりとりながら、「何もしない時間」を自分自身に与えることが、「休む＝Rest」であり、過緊張症状改善のための超基本のセラピーであるとともに、最も大切で有効な特効薬となります。

睡眠と食事が確保できたらリラクゼーション（Relaxation）を取り入れよう

リラクゼーション（Relaxation）〜心や身体の緊張を緩める活動〜

睡眠と食事という人間にとって最大かつ最重要なレスト（Rest）を確保できたあとは、徐々にリラクゼーション（Relaxation）を取り入れていきましょう。

何もしないでボーっとしたいのに、「気になっていること」が、頭に浮かんできて落ち着かないというときには、ほどよいリラクゼーションを取り入れると、気持ちをそこから切り離して緊張を緩めることに役立ちます。

ここで再度、１００ページで解説したリラクゼーションの定義の簡単な復習をしましょう。

主に呼吸を落ち着かせ、筋肉の緊張を解くなどの精神を安定させる行為が、リラクゼーションです。

例えば心地よく入浴して、身体をリラックスさせる。

ストレッチやヨガ、瞑想などで筋肉の緊張をほぐし、呼吸を整える。

自宅でアロマを焚いたり、音楽を聴いたり、気持ちが穏やかになったり笑ったりできるような動画やテレビをマイペースで楽しみ、心身の緊張をほぐす。

散歩やウォーキングやサイクリングなどの、手軽にできて、かつ慣れている軽めの有酸素運動で、全身を心地よく動かす。

自宅近くの行き慣れたマッサージやエステに行って施術を受けることも、ここに入ります。

リラクゼーションは、前述したレスト（Rest）に比べて、ややエネルギーを使う行動ですが、慣れ親しんだ環境でゆったりリラックスできるために、心身の緊張をほどよく解きほぐす効果があります。

レスト（Rest）がしっかりとれて心身のエネルギーレベルが回復したのちに、このリラクゼーションを行うと、相乗効果で過緊張がほぐれていきます。

こうしたリラクゼーション行為は、好みや性格によってさまざまなので、今あなたが、最も「手軽に気軽に」「緊張感なく」「ストレスフリー」でできる行為をチョイスしてください。

あくまでも「したいなあ」「気持ちよさそう」と感じることを選んでください。

例えば入浴は一般的にリラックスするといわれていますが、身体が気だるい日や頭痛を感じるときなどは、入浴したい気分になりませんよね?

日ごろからヨガ教室やマッサージに通って身体のこりをほぐしている人であっても、過緊張気味のときはヨガ教室やマッサージ店で、他人と話すことが面倒くさく感じるかもしれません。

自分の気持ちに素直になって、「そのときに気分が向くような行為」を選ぶことが大切です。

そのときに気分が自然に向いていることは、あなたのその時点のエネルギーレベルに最も適切なリラクゼーション行為です。

ただし、「身体と心に健康なこと」のなかからチョイスしてください。

「お酒を多量に飲む」、「甘いものを多量に食べる」、「煙草を何本も吸う」といった明らかに身体に悪い行動は、いくら瞬間的にリラックスできたとしても、必ず過緊張症状をさらに悪化させていきます。

あくまでも身体と心に一般的に良いとされている事柄から、そのときのあなた自身の体力や気持ち、好みにあったものを、できるだけ素直にチョイスしていきましょう。

次に、一般的に多くの人が好みやすく、手軽に気軽にできるリラクゼーション行為を、いくつか挙げてみますので、チョイスの参考にしてみてください。

「深刻すぎない映画やドラマ、動画」をぼんやり見る

リラクゼーション法として、多くの人が手軽に楽しめるのが、自宅でスマホやテレビの動画を鑑賞する行為です。

過緊張時には、「気になっていること」が頭から離れずに何度も浮かんできてつらいという症状に悩む人が多いのですが、ストーリー性のある動画は、話に引き込んでくれるため、「気になること」から気持ちを引き離してくれる効果があります。

私自身も、過緊張時のリラクゼーション法として、動画視聴は頻繁に行っています。基本的には好みのジャンルの好みの動画で良いのですが、過緊張時には、できれば爽やかな雰囲気のハッピーエンドやサクセスストーリー、ほのぼのするようなハートウォーミングストーリー、楽しいコメディ系がおすすめです。

自分の好きな俳優が出ているものや、自分の好きなジャンルのものならば、さらに良いでしょう。

自分の好みの俳優が出ているストーリー性のあるドラマや映画は、その内容にぐんぐん引き込まれていきますので、過緊張時に「気になっていること」から、気持ちを強力に引き離してくれる効果が倍増します。

逆に避けたほうがいいのは、主人公やその周りの人たちが不幸になる悲劇や、深刻すぎる社会問題をテーマにしたもの、ホラー映画、災害もの（日本沈没やパンデミックなど絶望的な災害をテーマにしたもの）といった、ネガティブな感情を揺り動かすドラマや映画です。いわゆる「救いのない結末」や「救いが多少あったとしても、後味が非常に悪いもの」です。

こうした「不安」「悲しみ」「恐怖」「無力感」「怒り」といったネガティブな感情を

揺り動かすものは、過緊張症状をさらに悪化させる恐れがあります。

そのため、新たな映画やドラマを観るときには、口コミや感想などをチェックしてから、チョイスするようにしましょう。

ネガティブな感情を刷り込む映画やドラマを避けるためには、以前に一度観たものを再度視聴するというのもおすすめです。

私は以前に観たドラマや映画で、「希望」「喜び」「勇気」「笑い」など、とても良い気分を感じたものは、録画して残しておくか、DVDを購入してストックしています。

過緊張症状が出ている休日には、家事はとことん手抜きして、ストックしたものから、そのときに観たいものをチョイスして見返すようにしています。

以前観た好みのストーリーを見返していると、安心しながら思考をゆだねて楽しむことができます。

音楽が好きな人は、もちろん好きな音楽や好きなアーティストの動画を見てもOKです。

音楽はできれば、ゆったりしたテンポの曲や、明るい雰囲気の長調のメロディーの曲が、リラクゼーション効果が高まるというデータがあります。

ちなみにモーツァルトの曲はリラックス効果が高いことで有名ですが、たしかにモーツァルトの曲想は、明るく無邪気な雰囲気のものが多いですよね。

逆に激しすぎるテンポの音楽や、絶叫系のメッセージソング、悲しい歌詞で悲しいメロディーの曲はできれば避けたほうがいいでしょう。


読書が好きな人は、のんびり読書をしてもいいですが、過緊張時には頭を使いすぎる難しい内容は避けましょう。映画やドラマと同じで、悲劇的な内容の小説や、無力感や怒りが残るような読後感の悪い本は避けてください。

一度過去に読んだことがある読後感の良かった小説を引っ張り出して、気軽にペラペラと眺めていくのもおすすめです。

ぶらぶら散歩やカフェでリラックスタイムを楽しむ

家にいると、家族からいろいろ用事を頼まれてくつろげない、仕事に関連するものが目に入って落ち着かないという人は、思い切って外に出て、近隣をぶらぶら散歩しても良いでしょう。

ただし、あくまでも近隣です。遠出や初めての場所は、体力気力を使い、過緊張症状を悪化させますので避けるようにしてください。

とにかくのんびりと、時間に追われず、慣れ親しんだ場所を選んで、自分のペースでぶらぶらゆっくり散歩してください。

もし近くに、木々の緑がある公園や緑道、並木が茂っている道、川べり、海辺、神社やお寺の境内などの「自然」を少しでも感じられるところがあるならば、ぜひそこをぶらぶら歩いてみてください。木々の緑や花々の香り、水の流れ、心地よい風といった自然に触れると、リラクゼーション効果が高まりやすくなります。

ちなみに私は、日本の歴史に興味があることから神社が大好きなので、過緊張時には、よく近くの氏神様や崇敬している神社に、散歩がてら参拝します。

ほとんどの神社の境内は、緑が多く、静かでゆったりとした雰囲気で落ち着いていますので、過緊張ケアの散歩にもぴったりです。

逆に避けたほうがいいのは、人混みの多いショッピングモールや観光地、排気ガス、騒音などがひどい場所です。このような場所は、イライラ感や緊張、疲労が悪化するので、散歩コースからはできるだけ外したほうがいいでしょう。

散歩以外には、静かな図書館やカフェでくつろぐというのもおすすめです。図書館やカフェの座り心地の良い椅子で、好みの雑誌をパラパラとめくったりスマホで動画を眺めたり音楽を聴いたりしながら、ひたすらくつろぐ時間を持ってください。

エネルギーが回復してきたらレクリエーション（Recreation）もOK

レクリエーション（Recreation）～楽しみや気晴らし、趣味～

レストとリラクゼーションで、心身のエネルギーが回復してきたら、レクリエーション行動も取り入れていくと、さらに気分転換や新しい発想が浮かびやすくなります。

レクリエーション行動を取り入れてもいい目安は、

① しっかり睡眠や食事がとれるようになっていること
② 身体や心の倦怠感がとれて、「心から、その行動をやってみたい」と思える状態であること

です。

わかりにくければ、次の質問を自分自身に、問いかけてみてください。

「あなたの心には充電池があります。あなたが絶好調で心身ともに元気いっぱいの状態を100%、精根尽き果ててベッドから一歩も出れないほどの疲労状態を0%とすると、あなたの心の充電池の充電レベルは、今何パーセントですか?」

この問いかけで、あなた自身の回答が、「充電レベルが、50%未満」ならば、まだレクリエーション行動は早いといえます。最低でも「充電レベル50%以上」となったら、レクリエーション行動も、少しずつ取り入れてみてください。

ここで、101ページで解説したレクリエーション行動の定義についての、簡単な復習をしましょう。

趣味や娯楽、好みのスポーツ、ゲームなど、仕事以外の好きなことをする時間を持つことがここに入ります。

友人との食事に行っておしゃべりする、好みのイベントやコンサートに行く、旅行に行く、スポーツ観戦に行く、またはゴルフやサッカーなどのスポーツをする、ゲームに没頭したり、ガーデニングやバイクいじり、楽器の練習、英会話などの趣味の活動を楽しむ、といった事柄がここに入ります。

これらの行動は、前述したリラクゼーションに比べて、エネルギー消費がさらに多くなります。十分にレスト（Rest）がとれてリラクゼーション（Relaxation）で心身の緊張がほぐれたのちに行うべきなのです。

若くて体力がある人ほど、ストレスで過緊張症状に陥ったときに、「よし、ストレス解消だ！」と、こうしたレクリエーション行動で気晴らしをしようとしますが、エネルギーが枯渇している段階で行うことは絶対にNGです。

好きなことに打ち込むことや、嫌なことを忘れるくらい楽しい体験をするのは、たしかに心の疲労やストレスの解消に役立ちますが、エネルギー消費を休息（Rest）が取れていないときに行うと、かえって症状が悪化してしまいます。そのため心の充電レベルが50％未満のときは、避けたほうがいいのです。

レクリエーション行動は、楽しみというエネルギーは充電されますが、同時に体力や気力も使うことが多いので、心身ともにある程度回復してから、少しずつ短時間から様子を見ながら行っていきましょう。

次に一般的なレクリエーション行動に対する注意点をいくつか挙げておきますので、参考にしてください。

レクリエーション行動は午後からがおすすめ

例えば週休2日制で土日が休みの人の場合、友達や家族と約束して、レクリエーション行動をするときは、土曜日の午後からか、1日ゆっくり休んだあとの日曜日からにしてください。

レストやリラクゼーションによってエネルギーがチャージされ、少し元気になってきたとはいえ、まだまだ油断は大敵です。

すでに過緊張の原因が、すっきり改善してしまって、心の充電レベル（154ページで詳しく解説しています）が100％に近いという場合は別ですが、過緊張の症状が少し改善してきたくらいでは、自律神経系のバランスがまだ不安定です。

少なくともウィークデイの仕事の疲れや緊張をとるために、土曜日の午前中は、たっぷり睡眠をとり、ゆったりとしたリラックス時間を過ごさなければなりません。

目安として、心の充電レベルが「50％以上は超えたけどまだ80％以下」の場合は、レクリエーション行動は、友人や家族と近くの街に食事や映画に行くなど、数時間程度から始めてください。

過緊張症状がどんどん改善してくるようなら、徐々に時間を延ばし、遠出されてもいいでしょう。

ただし早朝から早起きして遠方のテーマパークや体力を使うイベントやレジャーに行くなどのレクリエーションは、心の充電レベルが80％以上になってからが、おすすめです。

1泊程度のミニトリップに行く場合も、できるだけ土曜日の朝は睡眠時間をしっかりとれるように、午後からの出発をおすすめします。

旅行先でも、できるだけスケジュールはフリーにしておき、時間に追われないタイプの滞在型の旅行や、気の向くままのふらり旅がおすすめです。

温泉宿で気の向くままに温泉に入ったり温泉街をぶらりと散歩したりする、高原や海辺のホテルでゆったりと過ごして、気ままに自然散策するといった、そんなのんびりタイプのトリップがおすすめです。

とにかく過緊張症状が少しでも残っているときには、「睡眠が常にしっかりとれるスケジュール」を基本として、日中もできるだけ時間に急かされないで、ゆったりと過ごせるタイプのレクリエーションにしてください。

友人に会うときは気の置けない人を厳選する

食事や映画に友人と出かける場合は、必ず安心できる気の合う癒し系の人を選んでください。

「まだ出会ったばかりで親しくない人」や「楽しいけど、何となく信用できない人」や、「好きだけど、こだわりが強くて癖の強い人」や「言いたいことをズケズケ言うような毒っ気のある人」は、過緊張時に会うのは避けたほうが無難です。

こうした人たちと付き合うのは、元気でエネルギーが十分あるときには楽しめますが、あなたが過緊張気味で弱っているときには、さらにエネルギーを吸い取られる恐れがあります。

過緊張時に一緒に食事や外出を楽しんでも安全な人は、「あなたが気兼ねなく、安心して付き合える人たち」です。家族や兄弟と仲が良い人は、もちろん遠慮なくふるまえる身内が一番でしょう。

友人の中でも、穏やかで優しく、自己主張が強くなく、あなたが極力自然体でいても安全な人、余計な気を遣わなくてもよい人が、過緊張時に付き合う相手としては適切です。

遠出する場合は必ず休息日を確保する

レクリエーション行動で最もポピュラーなのは、海や山などでのレジャー、コンサートやイベントへの参加、アミューズメントパークや観光地、温泉などへの一泊か日帰り旅行でしょう。

こうした手軽なトリップは、身体が元気なときには、気分転換効果が抜群ですし、とても楽しいものです。

過緊張の原因となっている物事からも、強力に心を引き離す効果が期待できます。しかし気をつけなければいけないのは、その後の疲労です。こうした遠出や非日常系のレクリエーション行動は、かなり体力や気力を消耗します。

そのため、心の充電レベルが自己評価80％前後まで回復するまでは、このタイプのレクリエーション行動は控えるほうが安全です。

このタイプのレクリエーション行動を実行する際には、必ず十分な疲労回復の時間を設けてください。常日ごろから行き慣れてない場所や、体力を使うイベントやレジャーをしたあとには、必ずエネルギーが消耗され心身が疲労します。

例えば休日の土日を利用して出かけるのであれば、土曜日に出かけて、日曜日は午後3時ごろまでには帰宅して、しっかり疲労回復する時間を設けてください。

何時間も電車や飛行機に乗っていく遠方への旅行、山登りやハイキング、激しいスポーツ系イベントなどの体力消耗が激しいレクリエーション行動のあとは、有休休暇を活用して、帰宅後の翌日は丸1日フリーにしておき、しっかり疲労回復する時間を設けたほうがいいでしょう。

体力を消耗したまま、また仕事に行かなければいけない月曜日を迎えると、さらに憂うつさや不安感が高まり過緊張症状が悪化するリスクが高まります。

図3−5　あなたの心の充電池は今何パーセント?

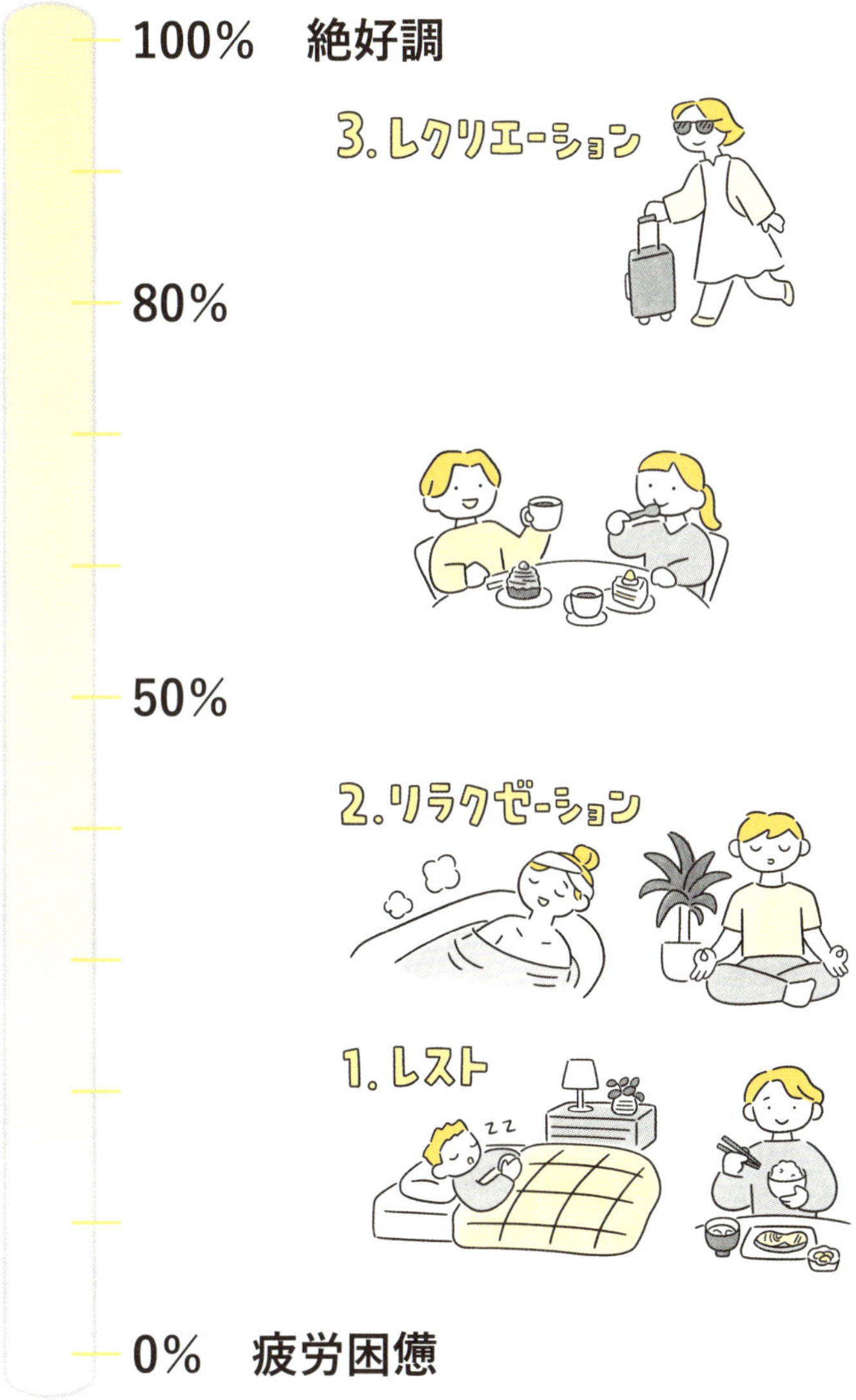

エネルギーが回復してきたらやりたい「原因への対処」

元気を取り戻したら過緊張の原因に対処する行動もスタート!!

たっぷりの睡眠、栄養豊かな食事を中心としたレストをしっかり確保し、適度なリラクゼーション行動もとれて心の充電レベルが40%以上に回復してきたら、レクリエーション行動と合わせて、過緊張の原因となっているストレス源に向き合い、対処する行動も始めていきましょう。

あなたを過緊張にして心身のバランスを崩しているストレス源が、消滅または軽減しない限り、過緊張症状は完全にケアできません。

レストやリラクゼーション、レクリエーションで、一時的にはエネルギー回復して症状が改善したとしても、過緊張の原因がそっくりそのままだと、また過緊張症状は再発する可能性が高いのです。

とはいえ、過緊張症状を起こしているストレス源には、「自分の働きかけや他人の援助で軽減できるストレス」と「現状では、誰にもどうしようもできないストレス」があると思います。

ここでは、この二つに分けて、過緊張の原因となっているストレスに対処する方法を提案したいと思います。

その1 自分の働きかけや他人の援助で軽減できるストレス

仕事のストレス源は、すぐに上長や人事、医療者に相談を！

産業医として面談をしていると、過緊張の原因として、非常に多くお目にかかるのは、次のようなストレス状態です。

「仕事の量が多すぎたり締め切りがハードすぎたりして、長時間残業になってしまい、睡眠などの休息時間がとれなくなっている」

「仕事の責任が重すぎる、または業務に問題が発生し、心身の緊張がとれない」「職場やクライアントの人間関係でストレスが高まり、精神的に不安や緊張が高まっている」

このような状態が続いて、「いつも仕事のことが気になってしまって、眠れない」「熟睡できなくなり、身体の倦怠感がとれない」「食欲が落ちている」「集中力が保てない」などと過緊張症状を訴える人は、少なくありません。

このようなタイプの仕事にまつわるストレスは、思い切って上長や人事（衛生管理者など産業保健の担当者がおすすめ）、産業医や保健師などに相談し、仕事を調整してもらう必要があります。

とにかく過緊張症状のもととなっている仕事のストレスを、なんとかして調整してもらわなければ、症状が改善しません。

思い切って、相談しやすい役職の人に声をかけてみましょう。

何の権限もない同僚に相談するよりも、仕事内容の調整や社員の健康管理にダイレクトにかかわる業務を担っている上長や人事、産業医や保健師などが、ベストです。

もし小さな会社で適切な人がいない場合は、精神科や心療内科を早めに受診して、ドクターに相談してもよいでしょう。

精神科や心療内科の医師は、業務ストレスが過剰になって過緊張症状が出ていると判断した場合は、診断書を書いて「残業の軽減」や「責任や仕事量の軽減」、ときには「環境調整の検討」を会社に意見してくれます。あなたが、その診断書を会社に提出すれば、会社は動かざるをえなくなります。

「相談したら、自分の評価が下がるかもしれない」「業務軽減の診断書を出したら、同僚に迷惑がかかるかもしれない」などと、過緊張症状がかなり強く出ていても、そのままの状態を放置してしまい、さらに悪化させてしまい、休職に至る人がときどきいます。

症状が悪化して休職になってしまうと、前述の懸念事項がさらに現実化してしまいやすくなりますよね。過緊張症状をキャッチしたら早め早めに動いて、症状の軽いうちにストレス源を軽減し、体調を改善していくことが大切です。

フリーランスや経営者などで、社内に相談相手がいない場合

あなたがフリーランスの個人事業主や、経営者である場合は、自分自身の仕事量や

責任、仕事で発生した人間関係などのストレスの調整は、自分でやらなければならなくなります。

私自身も、小さな会社をつくって産業医業務を請け負っている個人事業主なので、悩みを相談できる人がいないというつらさはよくわかります。

こういう立場の人が過緊張症状を感じたときにすべきことは、過緊張症状が出ている原因を、しっかり特定するということです。

仕事の責任や量、締め切り日が、自分のキャパオーバーになっているのか？

それとも現在発生している人間関係のトラブルによって仕事の継続が危ぶまれることを不安に思っているのか？

経営状態が思わしくなくて将来の心配が増大しているのか？

できるだけ自分がストレスを感じている事柄を細かく分析し、過緊張になっている根本を特定していきましょう。

「自分は何を心配しているのか？」「何に恐れを感じているのか？」「何を気にしているのか？」などと自分に問いかけて、ノートに書きだしてみるのもおすすめです。

過緊張を誘発しているストレスの根本がはっきりすれば、打つ手が見えてきます。

根本の問題がはっきりみえてきたら、相談できそうな専門家や、同じような経験がありそうな友人や知人に連絡してヘルプを求めましょう。

お金が多少かかっても、その道の専門家に相談すると、心の安定につながります。また具体的な解決策が出なくても、自分と似たような立場の友人や知人に話を聞いてもらうだけで、考えが整理できたりします。

適切な相談相手がどうしても見当たらないという場合は、臨床心理士のカウンセリングや、プロ・コーチのコーチングを受けてみるのもよいでしょう。

臨床心理士やプロフェッショナルなコーチは、クライアントの気持ちを整理するスキルを持っていますし、その人の中から答えを引き出す手助けをしてくれます（ただしカウンセリングやコーチングは、人によってスキルの差が激しく、相性も大きく左右するので、まずはお試しで受けてみて、効果が感じられたら契約するようにしてください）。

フリーランスや経営者といった周りに相談できる人がいない立場の人は、普段から心がけて、自分の仕事に悩みが発生したときに相談できる専門家とつながりを持ち、知人や友人の輪を広げておくことが大切です。

ちなみに私自身は、産業医という職業上、どうしても労働法を勘案してクライアントの会社にアドバイスや意見を伝えなければならないため、労働問題に詳しい弁護士の先生と顧問契約を結んでいます。

また同じように、産業医として独立して起業している医師とも、緩やかに交流を保つようにしています。

カウンセリングやコーチングができる友人との付き合いも大切にしていて、いざというときはクライアントになってカウンセリングやコーチングをお願いするようにしています。

このように日ごろからネットワークを築いていると、何か仕事関係で問題が発生したりストレスが高じたりして過緊張気味になったときには、その内容に相応《ふさわ》しい人にすぐ相談できるため解決策が見つかりやすく、過緊張症状が長引くことは滅多にありません。

悩みやストレスを自分一人の胸に抱え込んでいては、過緊張症状が悪化するばかりです。とにかく信頼できる他者に話してみることをおすすめします。

その2

現状ではどうしようもできないストレス

自分が「今ここ」でできる対策は、すべてやってみる

過緊張になりやすい人に共通する性格は、「つい先のことを考えてしまうこと」です。

明日のプレゼンがうまくいかなかったらどうしよう。

予定している試験に合格できなかったらどうしよう。

上司やクライアントに評価されなかったらどうしよう。

などと、まだ起こってもいない未来のことに対して、不安になったり心配したりするために、夜になっても頭から仕事のことが離れなくなり、緊張が解けなくなっていきます。

この「つい先のことを考えてしまう」という性格を、一朝一夕に改善するのは、非常に難しいことです。

私自身、非常に「先のこと」が気になってしまう性格であるため、マインドフルネス瞑想や認知行動療法を自分なりに学び、現在も実践していますが、正直なところ、劇的で即効性のある効果は感じられません。それぞれ5年間以上は実践しているため、各々の理論や考え方は理解できており、たしかに以前に比べてストレス耐性は高まり、過緊張になりにくくなったとは思います。

認知行動療法やマインドフルネス瞑想などを学び、実践していると、

「未来のことは誰にもわからない」

「まだ現実になっていないことを考えて心配しても仕方がない」

「未来の心配や不安にとらわれないようにして、とにかく目の前のことに、しっかり集中することが大切」

といった思考法が徐々に身についてきます。

私の場合は、多少のストレスには以前ほど揺り動かされなくなり、ある程度は落ち着きやすくはなりましたが、やはり強いストレスとなる原因が発生すると、「そのことが頭から離れずに気になって、不安や心配が高まる」という性格が、むくむくと頭をもたげてきて過緊張症状が出てくることがあるのです。

マインドフルネス瞑想や認知行動療法的などの心理療法は、根気よく継続していると、「不安になりやすい性格」を緩和させる効果が期待できますが、残念ながら万能ではないようです。

実は「未来のことはわからないから、余計な心配をしないでおこう」「不安なことは考えないでおこう」と、そのことから気持ちを遠ざけようとすればするほど、頭に浮かんでしまうという皮肉な性質を、多くの人間が持っているのです。この性質を心理学では「シロクマ効果」と呼ばれています。

ある心理学の実験において、被験者たちに「シロクマのことを思い出さないようにしてください」と指示すると、逆に「シロクマのことが頭に浮かんでしまう」という逆効果が、多くの被験者に発生してしまいました。

過緊張時に発生しやすい「気にしないでおこうと思っても、明日の仕事のことが気になって仕方がない」「考えないようにしようとしても、これから先のことが不安で仕方がない」といった心理状態も、シロクマ効果だといえるでしょう。

このシロクマ効果を改善するには、もちろん「気になっていること」から気持ちを引き離すために、楽しい気分転換や熱中できる趣味や楽しみを思いっきりやるといった方法も有効です。その多くが3つのRのうちのレクリエーションに分類される行動になります。

しかしレクリエーション行動だけでは、「気になっていること」から逃避しているだけであり、その行動をやめると、また頭に浮かんできて気になってしまう……ということが多々あります。

そこで、レクリエーション行動と並行してやってみたいのが、「脳が飽きてくるまで、徹底的に向き合って対峙《たいじ》する」という方法です。

シロクマ効果は、「考えないようにしようとするほど考えてしまう」という状態ですので、それを逆手にとって、「考えないようにしようとするより、思い切り考えつくしてしまおう」と腹をくくってしまうのです。徹底的に考えつくしたあとは、逆に脳が飽きてしまって（考えることがなくなってしまい）、気にならなくなるというわけです。

そこで私自身が実践していることは、「とにかく、今できることは、やりつくしてみる」ということ。

例えば、大地震や水害などの災害や、病気やけがなどに対する心配や恐れは、現時点では、誰にもどうしようもありません。

しかし今できることは、多少ありますよね。

予期せぬ災害が起こっても、数日間は生きることができるように水や食料を用意する。

地震で家具が転倒しないように、転倒防止装置をつける。

必要な保険には入っておく。などなど。

こうしたことをしても、災害を避けることはできませんが、たとえ数パーセントであっても、安心感を高めることには役立ちます。こうした対策をあれこれとやっているうちに、「もう今やれることは、やりつくした」と脳が飽きて別のことを考えるようになってくるのです。

これは、仕事関係の未来のストレスに対しても同じことです。

とにかく**「今、できる対策」を可能な限りやっておくと、完璧ではなくても安心感が高まってきますし、そのうち脳がほかのことを考えだしてくれます。**

「もし担当している仕事がうまくいかなかったらどうしよう」と気になって不安になってしまうのであれば、完璧でなくても「うまくいかなかった場合」のことを想定して、できる範囲で準備をしておくのです。

例えば……、

あらかじめ「うまくいかなかったとき」のことを上司や同僚と相談しておく。

クライアントに、どのように理由を説明して、どのように謝るのかイメージしておく。

どんな代替案を用意して、提案するのか具体的なあたりをつけておく。

などです。

万が一、最悪のことが起こった状況についての対処法を、ある程度は想定し、できる範囲で準備しておくことも、過緊張症状を緩める方向に働きます。

もちろん、「うまくいくために今できること」が浮かべば、それもどんどんやっていきます。

ふだんは頼まない人に、多少なりともヘルプしてもらえるように誠心誠意お願いしてみる。

お金を多少使っても、作業が効率的に進むグッズを購入してみる。

似たような体験をした人に、相談を依頼して、アドバイスを乞う、などなど。

レクリエーション活動をしていると、ふっと今まで思いつかなかったようなアイデアが浮かぶことがありますので、もし思いついたら書き留めておいて、試してみてもいいでしょう。

ただし、この「徹底的に向き合ってみる」という方法は、しっかり睡眠と食事がとれているといった「レスト」がしっかりキープできており、心と身体の緊張をほぐす「リラクゼーション」時間が持ててから試してください。レストとリラクゼーションによって、心身のエネルギーがある程度回復してきたうえで、実践することが大前提です。

心身が疲労困憊《こんぱい》している状態や、十分に睡眠がとれていない状態のときに、「過緊張の原因に、徹底的に向き合ってみる」ことをしてしまうと、さらなる心身へのストレスや疲れの上乗せになってしまいます。場合によっては、本格的なメンタル不調や病気へと悪化してしまいますので、要注意です。

何度も繰り返しますが、過緊張時には、まずは1番にレスト、2番目にリラクゼーションを行い、そのあとで3番目のレクリエーションが基本です。この「気になることに徹底的に向き合う」という方法は、3番目のレクリエーションと並行して実行してくださいね。

最後は神頼み！　祈りの効果も侮れない

「現状では、どうしようもできないストレス」によって過緊張になっているときは、このように「やれることをとにかくやった」あとは、残すは神頼みしかありません。

このように書くと、医者が言うことかと驚く人もいるかもしれませんね。

しかし、「現状では、どうしようもできないストレス」に対して、不安や心配、恐怖を感じて過緊張になってしまっている場合は、「祈る」という行動が案外有効なことも少なくありません。

太古の昔から人は、目に見えない大いなる存在や人の力ではどうしようもない自然の驚異に対して、さまざまな形で「祈り」を捧《ささ》げてきました。

その祈りの場所として、日本では神社や寺院が全国各地に設けられてきました。

外国では、教会やモスクがそれにあたります。

こうした場所に出向いて、人間の人知を超えた存在に対して、「どうか願いがかないますように」「どうか平安が守られますように」と、人々は祈りを捧げることで、目の前のストレスに押しつぶされないように、セルフケアを行ってきたのです。

私自身は、ごく一般的な日本人で、神社にもお寺にも参り、神も仏も信仰する神仏習合の雑多な宗教スタイルですが、神社やお寺といった祈りを捧げる場所に出向くと、不思議と心が落ち着きます。

神社やお寺の境内には、木々がたくさん植わっていて緑豊かな場所が多いですし、常に美しく掃き清められています。

参道の脇には、四季折々の花々が咲いていたりします。

空気の澄んだ静謐《せいひつ》な空間を緑や花々を眺めながら歩いていると、緊張がほどよくほどけて、すっきりとした気分になってくる人も少なくないでしょう。

これは、ちょっとした森林浴効果やマインドフルネス瞑想効果を体感しているともいえるでしょう（マインドフルネス瞑想には、あぐらを組んで目を閉じるタイプの瞑想だけではなく、視覚・嗅覚・触覚・聴覚をフル活用しながら歩くという「歩く瞑想」もあります）。

神様がいるか、いないかという難しい議論はおいておき、我々の祖先が古来より祈りを捧げてきた場所を訪ねて、人知の及ばない存在に対して、事態が好転することを祈るというプロセスにも、精神安定効果があるように思います。

有名な神社やお寺にわざわざ出向かなくても、あなたのお住まいの地域にも、氏神様や地域のお寺などがあるはずです。

もちろん、特定の宗教をお持ちの方は、無理に神社やお寺に行く必要はありません。ご自身の信仰する宗教の形式で祈りを捧げてくださいね。

過緊張症状が改善しない場合は医療機関受診をためらわない！

過緊張状態により仕事や生活に支障が出始めたら身体症状の受診を

これまで過緊張症状が出現したときに行うべきセルフケアについて、

① レスト
② リラクゼーション
③ レクリエーション＋過緊張の原因への対処行動

という順番で、解説してきました。

これらの順でセルフケアをしていても、過緊張症状が改善しない場合があります。もしあなたの過緊張症状が、こうしたセルフケアを行っても「1～2週間以上ほぼ毎日続いている」、もしくは「毎日ではないが、症状が頻繁に出るようになり、仕事や生活に支障がでてきている」のであれば、ためらわずに、該当する医療機関を受診してください。

あなたのメインの過緊張症状が身体症状ならば、いきなり心療内科や精神科に行かず、まずはその該当する臓器の診療科を受診することをおすすめします。

精神的なストレスが原因だと明らかであっても、身体症状がメインの場合は、そちらの治療からスタートしたほうがいい場合が多々あります。また思わぬ病気が潜んでいる場合もありますので、きちんと精査したほうがいいのです。街のクリニックの心療内科や精神科では、身体症状にアプローチする設備や技術が整っていないことも多いので、まずは該当する科を受診して異常がないかどうかを確かめることが大切です。

いくつか例を挙げておきましょう。

- 頭痛がひどい場合は、脳神経外科か頭痛外来
- めまい、耳鳴り、聴覚過敏、嗅覚過敏がある場合は、耳鼻咽喉科
- 倦怠感、微熱が続く場合は、近隣の内科や総合内科

・胃もたれ、胃痛、下痢、便秘、腹痛、食欲低下がひどい場合は、消化器内科
・動悸、息苦しさ、胸の痛みを感じる場合は、循環器内科
・月経痛、月経の前から月経中に起こる倦怠感、気力低下、感情の乱れは、婦人科

心療内科や精神科を一番先に受診すべきときとは？

次の症状が強い場合は、心療内科や精神科を一番先に受診してください。もしくは身体症状と一緒に起こっている場合は、どちらも並行して受診してもいいでしょう。

・気力低下や集中力低下を強く感じる。
・記憶力が低下してきて、ミスが増えている。
・感情が不安定になり、急に涙が出てきて止まらない。
・アルコールの量がどんどん増えており、酒を飲まないと眠れなくなってきている。
・イライラや不安がひどくて、落ち着かない。
・不眠がつらい（寝つきが悪い、夜中に何度も起きるなどの中途覚醒、夢を何度も見

て熟睡できない、早朝に目覚めて眠れない、何時間寝ても倦怠感がとれない)。
・人ごみや混んだ電車に乗ると恐怖を感じて、冷や汗や息苦しさ、動悸を感じてパニックになる(動悸が強い場合は、念のために循環器内科も受診してください)。
・この世から消えてしまいたい衝動に強くかられる。
・何をしても楽しくなく、憂うつで仕方がない。
・今まで普通にできていた家事やルーティンワークが、億劫《おっくう》で全く進まなくなった。
・自分が嫌われている、悪口を言われている、誰かに見張られている、狙われている、といった恐怖を毎日感じるようになり落ち着かない。
・誰もいないのに、自分に話しかけてくる声が聞こえてくる。

※複数の科を掛け持ちする場合は、必ずそれぞれの担当医に、受診している科や処方されている薬の内容を伝えてください。

かなり強い過緊張症状が続いていても、医療機関受診をためらわれる人にときどき出会いますが、あらゆる病気は「早期受診、早期治療」が鉄則です。

どんなに軽い症状であっても、医師は診療を拒否することはありません（万が一、そんな医師がいた場合は、即行で受診先を変更してください）。

特に本格的な過緊張症状が出てきた場合は、医療のプロの手助けが必要です。

薬の副作用を恐れて、薬を飲むことを極端に毛嫌いする人がいますが、専門科の医師の指導のもと、早期に必要な薬を使うことは、症状を悪化させないために非常に大切なのです。

早期に素早く症状を改善させれば、多くの場合、投薬治療も早くに終了されます。

本章でご紹介したセルフケアを基本として、それでも過緊張症状が治らない場合は、ぜひ医療受診も検討してみてくださいね。

第4章

ドクターも実践している!

過緊張を予防するための日々の習慣

第4章でお伝えするのは予防法

健康なときに実践したい生活習慣

本章は、過緊張症状が出ていない健康な時期にやってもらいたい「予防法」がテーマです。過緊張を予防するための生活のコツや、実践したい習慣について解説していきます。

そのため第3章「過緊張症状を自覚したときに、すぐにやるべきセルフケア」でご紹介した内容とは、矛盾しているように感じられる部分があるかもしれません。

過緊張の症状が出ているときは、心身の自律神経バランスが崩れた「体調不良状態」なので、休息して心身にエネルギー充電することが優先されます。風邪をひいて悪化しつつあるときには、運動や仕事を控えて、家で休養をとるのと同じことですよね。

この章では、健康なときにやる過緊張の予防がテーマですので、自律神経のトレーニング的なメソッドもお伝えしていきます。すべて私自身が実際に試してみて、効果があると感じたことのみを、朝、昼、夕のシチュエーション別に解説していきます。

人それぞれ生活スタイルや体力・体質も違うため、すべてを実践するのは難しいかもしれません。まずは「これならできそうだな」と気軽に取り組めることから、日々の生活に取り入れてみてください。

過緊張になりにくくするために自律神経のバランスをとる

キーワードは「ONとOFFのメリハリと切り替え」

第1章で解説したように、過緊張とは自律神経のバランスが崩れた結果、発生してしまう心身の不調です。ONタイムをつかさどる交感神経系が過剰に興奮し続け、本来OFFタイムをつかさどる副交感神経系の働きを妨害している状態です。第2章でチェックしたように、性格や環境ストレスも過緊張の発生に大きく関係しています。

現在のストレス社会で生きる私たちが、過緊張になることを完全に予防していくのは至難の業ですが、日々の生活の心がけや習慣により「なりにくくする」ことは可能です。

常日ごろから自律神経系をケアし、バランスを整える習慣を意識して実践していると、ストレスがやってきても乱れにくくなるのです。

では、自律神経系のバランスを整えるためには、何を意識したらいいのでしょうか?

そのキーワードは、「ONとOFFのメリハリと切り替え」です。

人間は本来、昼行性動物です。「日の出とともに活動に入り、日の入りとともに休息して眠る」という、自然に備わっている生体リズムを持っています。

日中はONタイムといわれるように、交感神経系が優位に働いて、活動モードがONになっています。

そして日の入りとともに、交感神経から副交感神経が優位に働くようになり、日中の活動モードがOFFとなり、リラックスモードに切り替わります。

しかし悲しいかな現代人は、科学技術の進歩によって、昼でも夜でも変わらずに仕事や活動ができる環境を手に入れたことで、ONとOFFの切り替えが非常にあいまいになってしまいました。IT化が進んだ弊害で、本来は活動すべき日中に十分に身体を動かすことができず、逆にゆったりリラックスして穏やかな眠りに入っていくべ

過緊張予防はON活とOFF活が重要。起床したら朝日を浴びて、必ず朝食。OFF活は夕方から意識して副交感神経に切り替えていきます。

き夜に、緊張を伴う仕事や知的活動がずっと続いている。そのため元来の昼行性動物としての生体リズムに反した生活スタイルに傾き、知らず知らずのうちに自律神経系に負担をかけてしまっている人が非常に多いのです。

まずは自分自身の生活を起床時から見直して、できるだけ生体リズムに忠実に生活することで、自律神経系のＯＮとＯＦＦのメリハリを復活させ、交感神経と副交感神経の切り替えを上手にしていきましょう。

朝に行うべき自律神経ケアは「朝のON活」

起床時から人間のONタイムがスタートします。ここで起床時には意識して交感神経のスイッチを、グイっと入れていきましょう。名付けて『朝のON活』です。活動すべきときには、頭だけでなく身体もしっかりと動かしておくと、OFFタイムへスムーズに切り替わりやすくなります。

その1 部屋を思いっきり明るくする

まずは寝室のカーテンを開けて、思いっきり日の光を取り込んで明るくしましょう。**目から入った朝の光は脳の視床下部の視交叉上核《しこうさじょうかく》というところに届き、不規則な生活で乱れがちな体内時計をリセットしてくれます。視交叉上核にある体内時計は、自律神経系の司令塔ともいえる存在で、同じ視床下部の中にある自律神経系の中**

枢に信号を送り、交感神経のスイッチをONにします。

睡眠中は自律神経系の副交感神経が優位になっているOFFモードですが、朝日をあびることが合図となり、体内が活動ONモードに切り替わります。

そしてこのときに神経伝達物質であるセロトニンの分泌が始まり、14～15時間後に睡眠ホルモンであるメラトニンの分泌が始まるようにセッティングされます。つまりOFFモードへ切り替わるためのタイムセッティングが、朝に行われているのです。

このように朝の光というのは、自律神経のスイッチを切り替えるために、非常に重要な働きをしています。

遮光カーテンや厚手のカーテンを使っている人は、起床とともに、さっとカーテンを全開にしてください。

「曇りや雨の日でも大丈夫なの？」と思うかもしれませんが、雨でも曇りでも、屋外は自律神経のスイッチを切り替えるための十分な明るさがあることがわかっています。

寝室に窓がほとんどないという人は、蛍光灯をぱっとつけて部屋を思い切り明るくしてください。蛍光灯の光は朝日と同じ波長なので、似たような効果を得ることができます。

ちなみに私自身は、朝、目覚ましが鳴ると、カーテンをぱっと開け、よほどの雨天でないかぎり、夏でも冬でも一度、窓を開けます。部屋に新鮮な朝の空気を入れて深呼吸しながら、その日の気温と天候チェックを兼ねて空を見上げるようにしています。

朝のすがすがしい空気を吸いながら空を見上げるだけで、気分がリフレッシュされ、眠気でぼんやりしていた頭がすっきりしてきます。

その2 寝室から出て、洗面&肌ケアでさらに眠気を追っ払う

朝起きても眠気が去らずに、ボーっとリビングに出て行っていませんか?

後述する朝食の摂取が、朝の自律神経ケアには欠かせない「重要行動」なのですが、眠気が残った身体では、「朝食を食べる気にならない……」という人も少なくありません。

とにかく早く眠気を覚まして、身体にONのスイッチを入れていかねばなりませ

ん。

まずは洗面所で、顔をしっかり洗いましょう。

このあと化粧水や乳液などの基礎化粧をさっと済ませると、さらに覚醒度があがりやすくなります。

好みの香りやテクスチャーの化粧水や乳液を顔や首筋に塗ることで気分がすっきりする効果が期待できますし、一連の動作によって眠気がとれていきます。

最近では男性も化粧水をつける方が増えているようで、ドラッグストアなどには男性用の化粧水や乳液も多種類並んでいます。今まで習慣がなかった人も、ぜひ朝のON活の一環として、洗顔の後のスキンケアを検討してみてください。

その3 簡単な体操を取り入れて血巡りをアップ

ラジオ体操に代表される簡単な体操も、朝の自律神経ケアとしては超おすすめです。

寝ぼけ眼で激しい複雑な体操をする必要はありませんが、ラジオ体操のような、ほどよく身体をストレッチしながらリズミカルに動かす体操をすることで、体温や脈拍が徐々に上がり、血の巡りが活性化していき、体内がONモードにしっかり切り替わります。ヨガやピラティスの心得がある方は、好みの平易なポーズをいくつか実践するのもいいでしょう。

私は約20年間、ほぼ毎朝、朝食を食べる前に約5分間ほど、ラジオ体操第1&第2を実践しています。ラジオ体操をすると、眠気がふっとんで頭がすっきりします。また上半身の運動が多く入っているために、五十肩や肩こり症の予防にもなります。私は若い30歳前半のころから朝のラジオ体操を実践し始めたので、通常のラジオ体操では少し物足りなく感じ、よりアップテンポにして、動作を大きめにアレンジしています。腕を天高く振り上げたり太ももをできるだけ高く上げたりするため、冬でも効率よく呼吸数や体温があがり、身体がポカポカしてきます。同時に心地よい食欲がわいてきて朝食がより美味しく感じられます。

ラジオ体操は、あらゆる年齢層の男女が上半身下半身の筋肉や関節をまんべんなく無理なく動かせるように設計された、我が国が誇る素晴らしい体操プログラムです。あなたもぜひ朝のON活に活用してください。

その4

朝食は最もも大切なON活! 絶対抜かないで!

何より大切といっても過言ではない朝のON活は、朝食を食べることです。

睡眠中には、身体は完全にOFFモードになっており、体温や脈拍が低下します。また夕食を食べてから朝までの間に長時間経過しているため、血糖値が下がり脱水気味になっています。起床後の状態は、身体にとっても脳にとっても、エネルギーが欠乏した状態なのです。

この状態のまま日中の活動に入ろうとすると、当然ながら活力、気力、行動力が乏しくなってしまいます。

近年の研究では、前述した朝の光だけでなく、朝食をとることが刺激となって、体内時計がリセットされることが判明しました。脳の視交叉上核にある体内時計は最も中枢の主時計ですが、それ以外にも体内には抹消時計と呼ばれる体内時計が、肝臓、腎臓、肺などに分布しており、それらは朝食を食べることによってリセットされるのです。

これらの体内時計が自律神経系を調整してくれていますので、過緊張予防のために朝食がいかに大切かがわかりますよね。

朝食を食べることにより、血糖値が上がり脳の覚醒度もぐっと上がります。体温が上がり、活動モードのスイッチが、確実にONに切り替わります。

これまでのさまざまな研究によって、自律神経の乱れ以外にも、**朝食を食べないことによるデメリット**が明らかになっています。ざっと列挙してみますね。

- 集中力、記憶力が低下して、パフォーマンスが落ちる。
- イライラしやすくなったり、落ち込みやすくなったりと、気持ちが不安定になりやすくなる。
- 血糖値の変動が激しくなり肥満になりやすくなる（ひいては、糖尿病にもなりやすくなる）。
- 筋肉量が落ちやすくなる。
- 高血圧になりやすく、脳卒中（脳出血や脳梗塞）が発症しやすくなる。
- 栄養不足になりやすく、骨粗しょう症や老化を促進する。

朝食を食べられない人は、まず夕食の時間が遅いことで胃もたれ状態になっている人が圧倒的に多いようです。

夕食から朝食までは、理想的には10〜12時間ほど空いていることが理想です。

朝7時に目覚める人は、遅くとも夕食は21時までに食べておきましょう。

残業で夜遅くなる人は、「夜の習慣」の項で後述しますが、午後7時ぐらいまでに、おにぎりやサンドウィッチなどの炭水化物を食べておき、家に帰ってからは、あっさりしたたんぱく質や野菜ものだけを軽く食べるという「分割食べ」をすると、朝の胃もたれを防ぐことができます。

長年の習慣で朝食を食べない癖のある人は、次のような「糖質&たんぱく質が含まれた飲み物」から始めてみてください。

- 牛乳や豆乳(単体が苦手ならば、カフェオレや紅茶オレにしてもOK)
- バナナスムージーやヨーグルトドリンク

・「ウィダーインゼリー」（編集部注・2018年より「inゼリー」に商品名変更）や「カロリーメイト　リキッド」などに代表される総合栄養食飲料　など

慣れてきたならば、固形物を少しずつ加えていきます。

メニューのコツは、たとえ少量でも、たんぱく質とビタミン・ミネラル類と炭水化物が含まれた食品で構成することです。第3章「過緊張時には、何をどう食べたらいいのか？」に詳しく栄養素については書きましたので、参考にしてください。

・バナナとヨーグルトとカフェオレ
・シリアルと牛乳（豆乳）とみかん
・おにぎりと味噌汁とゆで卵（温泉卵なども食べやすい）　など

慣れてきたら、次の例のような感じで、野菜や乳製品、大豆製品などを加えて、さらに多種類の食品を組み合わせて栄養を強化していきましょう。

・季節のフルーツ+ヨーグルト、ゆで卵、トースト、豆乳やアーモンドミルク
・ハムエッグ、サラダ、トースト、カフェオレ
・ご飯、目玉焼き、納豆、野菜の具沢山味噌汁　など

ちなみに私は長年、季節のフルーツにプレーンヨーグルトをかけたフルーツサラダと、豆乳オレ、スクランブルエッグや目玉焼きなどの卵料理、トーストのパターンの朝食を続けています。

朝食を食べないのは、健康診断の日の朝だけです。

そんな日は身体が朝から冷えてしまい、健診が終わるまで頭がボーっとして倦怠感を感じます。朝食を食べないとこんなにも違うのかと、いつも痛感してしまいます。

朝食を食べない習慣を続けている人は、過緊張予防だけでなく、心と身体全体の健康のためにも、少しずつでも改善してください。

その5

通勤を活用して運動タイムに

日中のONタイムには、頭を使う知的活動だけでなく、身体の筋肉を動かす身体活動もバランスよく行うことが大切です。

過緊張の代表的な症状として「寝る前にも気になっていることが浮かんできて眠れない」という状態がしばしば発生しますが、これらは精神的疲労のわりに肉体的疲労が伴っていない場合に発生しやすくなる症状です。

パソコンやデスクワークで知的労働メインの仕事をしている人は、運動不足になりやすく、肉体的疲労と精神的疲労のバランスが悪くなりがちです。その結果、夜になってもなかなか精神的な緊張や興奮が収まらないという状態に陥りやすいのです。

日中にしっかり肉体も使い、ほどよく疲れさせておくと、多少の気になることがあっても、睡魔が訪れやすくなります。

とはいえ、平日は運動する時間を特別につくることが難しいという人が圧倒的に多いのが実情ですよね。

そこで、通勤時間を上手に使って運動タイムとして活用していきましょう。

多くの人が電車やバスなどの公共交通機関で通勤をされていると思いますが、まず駅まで歩く場合は、速足できびきびと歩いてください。息が少し上がるくらいのスピードで歩くと、ジョギングに近い運動量が稼げます。

自転車を使う場合は、電動アシストをやめるとか、途中5分だけでも押して歩くとか、運動量が増えるように工夫してみると運動強度を上げることができます。

駅では階段昇降が立派な運動になります。エスカレーターやエレベーターは疲労が溜まっている朝以外は封印し、しっかりと階段を昇り降りしてください。

厚生労働省からは、生活習慣病予防や体重増加防止のためには、細切れでもよいので、トータル20分以上の有酸素運動（ウォーキング、サイクリング、ジョギング、エアロビクス、エアロバイク、太極拳などの体操）を毎日行うことが推奨されています。

またＷＨＯ（世界保健機関）の「身体活動・座位行動ガイドライン」では、心と身体の健康のためには、成人では週１５０～３００分の中強度の有酸素運動（ウォーキングやサイクリングなど）を行うことがすすめられています（ちなみにランニングや水泳のような高強度の有酸素運動は週75～１５０分）。同ガイドラインでは、有酸素運動を継続することで、心臓病や糖尿病、がんの予防とともに、うつや不安の症状を軽減し、思考力、学習、総合的な幸福感を高めるとされています。

これら有酸素運動は、まとまった時間をつくってやる必要はなく、10分間未満の短時間であっても、トータルで長ければ、強度の高い運動を行っている人と変わらない効果が得られることがわかっています。

ちなみに中強度の有酸素運動は、ウォーキングやサイクリングだけではなく、掃除や子供と遊ぶなどの身体を使う家事も含まれています。

朝夕の通勤を利用して有酸素運動を片道10分程度ずつ行い、あとは週末の土日に30分程度ずつほど散歩を兼ねて買い物に行ったり、掃除や庭の手入れをするだけで、簡単にＷＨＯ基準をクリアできてしまいますよね。

残念ながら車通勤している人やリモートワークしている人は、通勤という貴重な朝夕の運動タイムが確保できていませんので、自分で工夫してウォーキングやサイクリングなどの時間を捻出する必要があります。朝夕は疑似通勤として駅まで歩いてみるとか、近くの公園まで昼休憩を利用してウォーキングしてみるとか、買い物がてらショッピングセンターの階段を何回か往復してみるとか、工夫して有酸素運動タイムを捻出してみてください。

ランチタイムからは夕方以降のOFFを意識してON活を継続

起床時からのON活で、活動モードにグイっとスイッチを入れることができれば、集中力や行動意欲がしっかりと上がっていくので、午前中の仕事がスイスイ進みやすくなります。

そしてランチタイムがやってくると、ほっと一息。仕事から離れて、束の間のリラックス時間を楽しんだあとは、また心身をONにして、仕事や活動を再開させねばなりません。昼食後から仕事終了までは、夕刻から始まるOFFタイムにつながっていくための大切な切り替え時間でもあります。OFF時間にスムーズに入れるように工夫しながら、後半のONタイムを頑張るコツをお伝えします。

ランチは腹7~8分目にして食後の眠け&だるさ予防

ランチタイムは、午前中の仕事の緊張や疲れを解消するための、プチ・リラックスタイムです。午前中からON活し、交感神経が優位となっている状態から、少しだけ副交感神経に切り替えて心身の緊張を緩めることで、昼食を美味しく食べることができます。

しかしランチタイムのポイントは、「緩めすぎないこと」。

せっかく起床時からON活して交感神経優位になった心と身体を、だら〜〜と緩めすぎてしまうと、午後からの活動のエンジンがかかりにくくなります。

緩めすぎないために意識したいのは、ランチの量と内容です。

まずランチは、基本的には腹7〜8分目を心がけて、絶対に満腹まで食べないようにしてください。

満腹まで食べてしまうと、その消化のために胃腸に血流が集中してしまいますので、頭がボーッとしやすく、午後からの眠気やだるさの原因になってしまいます。

オフィス街のレストランやカフェでは、ランチタイム用にさまざまなメニューが用意されていますが、相当ボリューミーで高カロリーのメニューも散見されます。

午後からの仕事で長距離を歩く予定であるとか、現場で体力を使う仕事に従事しているという人以外は、できるだけ「軽め」のランチメニューを選ぶことをおすすめします。

特に炭水化物が多量に入った丼ものや麺類は、食べすぎてしまうと血糖値が急激に上昇したあと、急激に下降します。このときに眠気が強く発生しやすくなるのです。逆に血糖値を上げずに腹持ちがいいのは、肉や魚、卵などの動物性たんぱく質です。

ランチメニューは、ほどよく肉、魚、卵などの動物性たんぱく質と野菜が含まれた定食風のメニューを選び、ご飯やパンなどの炭水化物の量は控えめにして、トータル腹7～8分目で箸をおくことをおすすめします。

このときコーヒー、紅茶などカフェインが含まれた飲み物を飲んでおくことで、食後の眠気を軽くすることができます。

昼寝を賢く活用して午後からの脳を元気にする

昼食をどんなに軽めにしても、多くの人が昼下がりに軽い眠気を感じます。実は人間の身体に備わっている体内時計は、昼の2〜4時ごろにも眠気を発生させるようにセッティングされていることがわかっています。

ただしこの眠気は、夜にやってくる強い眠気ではないため、「ちょっとあくびがでて、頭がなんとなくボーッとなる程度」でやり過ごせる人も多いでしょう。

先述した昼食の量の調整やカフェインを活用すれば、夜間にしっかり睡眠がとれている人の場合は、うつらうつら居眠りして舟をこぐことなく、昼間の眠気をやり過ごし、大きくパフォーマンスを低下させずに仕事を続けることができます。

私自身も、午後から仕事がある場合は、常に昼食を腹7分目以下に抑えていますし、炭水化物だけで食事をしないように注意していますので、午後からの仕事も問題なくしっかりこなせることがほとんどです。

しかし前日に夜更かしして睡眠不足だったり、過緊張気味になっていて睡眠が浅くなり質が低下したりしている場合は、この昼食後の眠気が強くなり、耐え難いものとなってしまうことがあります。

もしあなたが、毎回、昼食後に居眠りをしてしまうほどの強い眠気に襲われているのであれば、何らかの原因で睡眠不足になっている、または昼食の摂取の仕方に問題があると思われます。

昼食後に居眠りしてしまうほどの強い眠気に襲われてしまうと、居眠りを必死で我慢したとしても頭がボーっとしてしまい、仕事上でミスをしたり、会議や商談などの大切なビジネスシーンで機転が利かずに失言をしてしまったりするリスクが高まります。

もしこのような状態に陥りそうな場合は、ぜひ「10〜20分の短時間の昼寝タイム」をとってください。

正午〜午後3時くらいまでの短時間の昼寝は、パワーナップ（積極的睡眠）と呼ばれ、疲労を回復させ、集中力と作業能力を高めることが証明されています。

会社員の人は、12時半〜13時ぐらいのお昼休みを利用して、短時間の昼寝をとると、午後の眠気によって仕事の能率がダウンすることを防ぐことができます。

ただし昼寝は30分以上、絶対にしないこと。30分以上の仮眠をとると眠りが深くなってしまうため、起きても頭がボーッとしてしまい、疲労感や倦怠感が悪化してしまう「パワーダウンナップ」になってしまいます。また夜の睡眠にも悪影響が出て、夜寝たいときに睡魔がこなくなってしまいます。大人が昼寝を30分以上とることは、体調が悪いとき以外は、控えることが大切です。

また昼寝はあくまでも脳の一時的な疲労回復にすぎませんので、睡眠負債は解消できません。もし睡眠不足が続いている場合は、夜にしっかり連続睡眠をとって睡眠負債を解消してください。

夜のOFF活のために夕方以降はカフェインを極力取らない

第3章111ページでも書きましたが、カフェインは体内に入ると、約4~6時間は覚醒効果が持続します。体質や体調によっては8時間以上続く場合もあるという研究報告もあるようです。そのため、過緊張の症状が出ているときは、午後からはカフェイン飲料は飲まないことをおすすめしています。

しかし今、あなたに過緊張症状が出ていない場合は、睡眠リズムを乱さない程度には、カフェイン飲料を楽しまれても問題ありません。

カフェインに極端に弱いという人以外は、睡眠予定時刻の約5~6時間前ぐらいまでは、カフェイン飲料を飲まれてもいいでしょう。午後11時に眠りたい人の場合は、午後5時か6時ぐらいまでとなります。

それ以降は、夜に交感神経が副交感神経にスムーズに切り替わり深くて良い睡眠を得るための「OFF活」を意識して、カフェイン飲料は極力飲まないようにしましょう。

繰り返しになりますが、カフェインはコーヒーはもちろん、紅茶、ココア、緑茶、ほうじ茶、ウーロン茶にも含まれています。エネルギードリンクや栄養ドリンクにも含まれていることが多々あります。カフェイン慣れしている人は、寝る前にコーヒーを飲んでも眠れるようですが、カフェインが体内に残存していると睡眠が浅くなり、疲労回復の質が悪くなってしまいますので、意識してカフェインを避けるようにしてください。

気になることや不安なことは夜までにできるだけホウレンソウしておく

過緊張になりやすい人に共通しているのが、「家に帰っても、日中に起こった仕事や人間関係のことが気になりやすい」という性質です。日中に手掛けた仕事上の懸念事項や、人間関係の些細なトラブルが、帰宅後に不安や心配となって増大すればするほど、頭から離れなくなって眠れなくなります。

そのため、日中にできるだけ、懸念事項や人間関係のトラブルについてを、しかるべき人にホウレンソウ(報告、連絡、相談)しておくことを心がけてください。

「今言っても解決するわけじゃないし」「まだどうなるかわからないし」と自分の胸にとどめないで、少しだけでも上司や同僚に話してシェアしておくことで、気持ちが楽になって夜に気になりにくくなります。

特に経験値が低い若い社員や、新しい仕事に携わりだしたばかりの人は、意識して「早め早めに報告や連絡して、相談しておくこと」が重要です。

過緊張が高じてメンタル不調になった社員と面談していると、**「忙しそうにしているので上司や先輩に相談できずに、わからないことや気になることを抱え込んでしまって、不眠やうつになった」**という人に少なからず遭遇します。

不安や心配の「種」ができたときに、早め早めにホウレンソウしておくと、「種」が大きく育つ前に、対応策や解決策が見えてきて楽になることも多々あります。

ただし上司が異常な心配性やネガティブ思考で、相談したことで、さらに大きな心配や不安に膨らませてしまうという場合は、別の落ち着いた人を選んだほうがいいでしょう。

私自身は独立して個人事業主として仕事をしている産業医ですので、職場で相談できる上司や先輩はいませんが、個人的なネットワークのいくつかの専門家や頼りになる友人に、「その日に起こった心配や不安は、早め早めに相談する」ことを心がけています。

その日に直接相談できないことも多いですが、メールを送信しておくだけでも、夜の安心感が違ってきます。

夜のOFF活を充実させるためにも、「その日の不安や心配は、極力日中のうちに解決するか、解決ができないときも対応できるところまでやっておく」という心がけを忘れないようにしましょう。

夕方からは本格的なOFF活を！

日の入りからモードを切り替えよう

仕事が終わり、帰宅する時間に入ってきたら、いよいよ本格的なOFF活がスタートです。

人間には日の入りとともに活動を終え、夕方以降は交感神経優位な状態から副交感神経優位となることで、心身をリラックスモードに切り替え深い睡眠に入っていくという体内時計が備わっています。

しかし現代社会は、副交感神経への切り替えを妨害する仕組みがたくさん存在し、夜になってもONモードを継続させるような誘惑がたくさん存在します。

そのため意識してOFFモードに切り替えていく行動をとっていく「OFF活」が

必要なのです。私自身も実践しているOFF活を紹介していきますので、ぜひあなたの生活にも取り入れてください。

帰宅するまでに身体もほどよく疲れさせておく

朝のON活のところで、有酸素運動の重要性について解説しましたが（202～205ページ）、実は夕方のOFF活にも、有酸素運動はおすすめです。

日中ほとんど身体を動かさず座り仕事がメインのオフィスワーカーは、精神的な疲れと身体的な疲れのアンバランスが起こりやすく、「頭は疲れているが、身体は疲れていないので、夜になっても眠気がなかなか訪れない。だからついつい夜更かししてしまう」という悪循環に陥りがちです（特にリモートワークの人は、深刻な運動不足になりやすいので注意が必要です）。

そこで、仕事が終わってから帰宅するまでの間に、できればウォーキングを20～30分程度行って、身体をほどよく疲れさせておきましょう。例えば一つ前の駅で降りて歩いてみるとか、家まで少し回り道をして帰ると、無理なくウォーキングが行えます。通勤がないリモートワークの人も、夕食の買い物を兼ねて、少し遠いショッピングセンターへ歩いていき、その中をぐるぐる巡り歩くという方法ならば、気軽に有酸素運動ができますよね。

睡眠医学的には、体温がしっかり上がっている夕方から午後7時までは、強度の高い運動にも適している時間帯とされています。体調が良く体力のある人は、仕事帰りにジムや水泳、ゴルフの打ちっぱなし、趣味のスポーツの練習などを行ってもいいでしょう。

午後3時から7時ぐらいの間に、運動でしっかり体温を上げておくと、寝つきがよくなることがわかっています。

もちろん、営業やイベントで日中たくさん歩いた日や、身体をしっかり使うような仕事をしているという人は無理に行う必要はありませんので、ご自身の日中の運動量に合わせて、この時間帯の過ごし方は判断してください。

夕食はできるだけ楽しくリラックスモードで

日本人は3食のうち夕食に一番重きを置く人が多く、最も時間をかけて楽しむという人がほとんどです。

また日中は仕事で忙しいため朝食、昼食はシンプルな内容で済ませ、夕食時に最も品数をそろえ、カロリーや栄養をしっかり摂っているという人も少なくありません。

つまり働く人にとって、夕食は、最も大切な栄養源でもあり、最もリラックスして楽しめる食事なのです。この夕食を契機として、本格的なOFFタイムがスタートしていくといっても過言ではありません。

その後のOFF活をスムーズに進め、最終的に「良い深い睡眠」につなげるためにも、この夕食時にスイッチをしっかりとOFFモードに切り替えることが大切です。日中に優位に働いていた交感神経系を緩めて、副交感神経系を活発に働かせるために、次のことに気を配ってください。

まず夕食は、可能な限り緊張するシチュエーションを避けて、気の置けない家族や友人とだんらんしながら食べるようにしましょう。一人で食べる場合も、心地よい音楽を流すなどして、できるだけリラックスしながら穏やかな気分で食べるようにしてください。仕事の資料を見ながらの食事では、せっかくのＯＦＦ活が台無しです。心身がＯＦＦモードに切り替わりにくくなり、胃腸も食事をしっかりと消化吸収することができません。ときには夕食が取引先などとの気を遣う接待となることもあるとは思いますが、基本的に「緊張する夕食」は連続させないように心がけてください。

夕食の内容は、もちろん「栄養バランス」を考えて、身体の一つひとつの細胞に、良質なエネルギーを届けることを意識してください。

詳しくは第3章「過緊張時には何をどう食べたらいいのか？」（１３２〜１３８ページ）を参考にしてください。たんぱく質（肉、魚、卵、大豆製品）とビタミン・ミネラル（野菜、海藻、果物類）と炭水化物（ご飯、パン、麺、パスタ）の3種類の栄養グループから、その日に食べたい食材をバランスよくチョイスして、心にも身体にも嬉しい食事を心がけてくださいね。

身体的に問題のない方は、アルコールを適量楽しまれてもよいでしょう。アルコールは血流をよくして筋肉をほぐす効果があるので、夕食時に「適量」を楽しまれる程度ならば、ＯＦＦ活に悪くはありません。

アルコールの適量とは、「就寝時刻には、体内で分解されて代謝されてしまうアルコール量」と考えてください。

アルコールが体内に残っていると、眠りが浅くなり睡眠の質が悪くなってしまい、疲労回復の妨げになることがわかっています。

約3～4時間で代謝されるアルコールの正味量（純アルコール）は、体重60キログラムの男性で約20グラムとされています。

午後7時ごろ夕食とともに晩酌をして、午後11時ぐらいにはアルコールが体内から代謝されるため（抜けるため）には、20グラム前後に抑える必要があります。

約20グラムを、一般的なアルコール飲料に換算すると、次のようになります。

• ビール（アルコール度数5％）なら500ミリリットル

・日本酒（アルコール度数15％）なら1合（180ミリリットル）
・ワイン（アルコール度数14％）なら180ミリリットル（グラス約2杯）
・焼酎（アルコール度数25％）なら0・6合（110ミリリットル）
・缶チューハイ（アルコール度数5％）なら500ミリリットル
・ウィスキー（アルコール度数43％）なら60ミリリットル（ダブル1杯）

体格の小さい女性や高齢者は、さらに少ない量にしないと、3〜4時間で身体から代謝されません。目安としては右記の半分の量（純アルコール量10グラム）前後と考えてください。

お酒好きの人には、少ない量に感じるかもしれませんが、翌日に仕事がある平日には、睡眠中の疲労回復を確実に進めるために、これくらいに抑えておきましょう。

アルコールを飲まない場合でも、夕食は、眠る予定時刻の3時間前に食べ終えるようにしてください。3時間が難しければ、せめて2時間前には食べ終えてください。

夕食で食べた物を消化するには、平均2〜3時間かかります（油分の多い食事は4

〜5時間）。胃の中に食べ物が残った状態で睡眠に入ってしまうと、胃腸が活発に動くために安眠を妨げてしまいます。睡眠の質が悪化してしまうと、朝起きても心身の疲労が残存してしまい、睡眠のOFF活の効果が半減してしまいます。それだけではなく、胃の中に食べ物が残ったまま眠ると、逆流性食道炎や胃もたれの原因にもなってしまい、大切なON活である朝食が食べられなくなってしまいます。

残業などで帰宅がどうしても夜遅くなる人は、「分割食べ」がおすすめです。午後7時ぐらいまでに、おにぎりやサンドウィッチなどの炭水化物（主食）を食べておき、家に帰ってからは、消化がよく脂分の少ない、あっさりしたたんぱく質や野菜だけを腹7分目程度に、軽めに食べるのです。

例えば、赤身肉や鶏の胸肉などと野菜を使った具沢山のサラダや一人鍋だと、一品で野菜もたんぱく質も食べられるので理想的です。そのほか湯豆腐や焼き魚やおさしみ、焼き鳥などの主菜と、おひたし、青菜の煮びたしなどの野菜メニューとの組み合わせもおすすめです。

夕食後はリラックス度を高めて良眠につなげる

夕食時にしっかりとＯＦＦにスイッチをチェンジしたあとは、そのままＯＦＦモードをいい形でキープするように心がけてください。

ここで仕事のことを気にしてパソコンを開けたり資料を閲覧してしまったりすると、せっかくのＯＦＦモードがＯＮモードにシフトしてしまいます。

どうしても片付けておきたい家事などは、食洗器などの家電をフル活用してできるだけサッと済ませ、そのあとは、あなたの好みのリラックス行動を、ゆったり気分で楽しんでください。

リラックス行動とは、第3章「過緊張症状を自覚したときに、すぐにやるべきセルフケア」の「睡眠と食事が確保できたら、リラクゼーション（Relaxation）を取り入れよう」で解説したように「呼吸を落ち着かせ、全身の緊張を解くような心身を安定させる行為」です（１４５ページ）。

同ページで紹介した内容の中から、「夜に自宅で、気軽にできること」を参考に、あなた流のリラックス行動を楽しんでください。

ちなみに私が夕食後によくやっているリラックス行動は、ソファーにゆったり座って、麦茶やハーブティーを片手に、家族と撮りだめをしておいたドラマや野球中継などを1~2時間程度楽しむ、ファッション系の雑誌やサイトをパラパラと眺めるといったことです。肩こりがひどいときにはハンディマッサージ器で肩や背中をマッサージしたり、簡単なストレッチを取り入れて、筋肉の緊張を緩めたりすることもあります(夜に息が弾むような運動は交感神経が活発化するためNGですが、ストレッチやヨガなどで筋肉を心地よくほぐす行為は問題ありません)。

入浴は、基本的には好みの入浴剤を入れて、ゆったりのんびりと楽しむようにしていますが、帰宅が遅くなって就寝までの時間があまりとれないときや、身体が疲れきっているときは、サッと短時間ですませるようにしています。湯船にしっかりつかることにこだわると、肝心の睡眠時間に支障が出ることもあるため、入浴タイムは臨機応変に変更しています。

ちなみに10年ほど前は、Facebookがブームになっていたこともあり、この時間にも眺めていたことがありましたが、今はキッパリとやめています。なぜかというとSNSで気になる知人の投稿を見てしまったり、自分の投稿に妙なコメントがついていたりすると、不安や不快さが励起されてしまい、せっかくのリラックス気分が台無しになるからです。

SNSでさほど親しくない人と文字だけの浅いコミュニケーションを続けても、私自身にとっては全くメリットがないと気づいてからは、SNSは情報収集だけの目的で日中にさらっと眺めるだけにしています。

もしあなたがSNSを楽しんでいるならば、できるだけ日中に投稿してコミュニケーションすることを強くおすすめします。

良質なOFF活のために、夜に親しくない人とコミュニケーションをとることは、リラックスの妨げになるため、おすすめしません。対戦型や課金型のゲームも、総じて緊張に傾くために避けたほうがよいでしょう。

OFF活の総仕上げは良質な睡眠！

夕食後から、だんらんや入浴などの穏やかなリラックス時間を過ごしていると、きっと午後11～12時ごろには、自然な眠気がやってくるはずです。

さあ、寝室へ移動して、最高のOFF活である睡眠をしっかりとっていきましょう。

良質な睡眠をとるコツについては、第3章「過緊張症状を自覚したら、真っ先に行う3つのレスト（Rest）とは？」の「その1．まずは何がなんでも、睡眠時間を確保する！」（105ページから）で、詳しく解説しました。

あなた好みの心地よい寝具をチョイスして、穏やかな眠りに入っていきましょう。

6～7時間程度の良質な睡眠を連続してとることで、あなたの心と身体の緊張が最高にほどけて、疲労が解消されていきます。

睡眠は、心と身体の疲労を回復し、明日への英気を生み出すための最重要行動です。

睡眠中に、脳が行っている疲労回復は多岐にわたりますが、代表的な働きは次のとおりです。

脳からホルモンが分泌され、身体の疲れを回復
身体じゅうの組織の傷んだ部分を補修したりする働きもあり

睡眠の寝入りばなには成長ホルモンが分泌され、全身の細胞の疲労回復と再生のメンテナンスを行います。けがや病気になったら、「しっかり睡眠をとりなさい」と言われるのは、この創傷治癒効果を十分に働かせるためです。また肌の修復や新陳代謝も成長ホルモンが中心となって担っているため、睡眠が不足すると肌荒れやアトピーが悪化します。

また睡眠をつかさどるホルモンであるメラトニンも眠りの前半から増えていきますが、メラトニンには抗酸化作用があるため、がんや老化を抑制するということもわかってきています。

睡眠中は全身の筋肉の緊張が緩み、脈拍や呼吸がゆっくりとなり、体温や血圧も低くなり、全身が最高のリラックス状態に！

睡眠によって私たちの身体は究極のリラックス状態になります。つまりＯＦＦ活の最高峰です。睡眠が不足すると、肩こりや首こりがひどくなり全身の筋肉が硬くなり、頭痛や腰痛が悪化します。ひどいときは、めまいが起こることもあります。血流の状態にも悪影響が出るため、血圧も上がりやすくなり、高血圧にもなりやすくなります。

脳の疲労を癒し、集中力、気力を回復

脳は毎日活動し続け、大量のエネルギーを消費して疲労しています。ノンレム睡眠中には、脳に溜まった老廃物が髄液中に排出され、脳の疲労を改善します。

睡眠不足が続いたり、夜中に何度も目が覚めるような断続睡眠が続いたりすると、脳がノンレム睡眠に入れない状態が続き、老廃物が蓄積されてしまうために、集中力低下や記憶力低下が起こってきます。

そのため睡眠不足の次の日は、パフォーマンスが明らかに低下してしまいます。

また睡眠不足が続くと、うつ病が発生しやすくなることもわかっています。

覚醒時の体験を整理し、嫌な記憶は薄め、必要なことは記憶として脳に定着!

脳は睡眠中に、日中の体験から得た感情や事柄を整理します。自分にとって必要なことを記憶に残し、不必要なことは、できるだけ記憶から排除しようとするのです。

まとまった時間で睡眠のリズムをつくることで、日中のストレスフルな体験や感情はどんどん薄められていきます。一般的に「嫌な思い出やつらい感情が年月がたつと薄らいでいくこと」を「日にち薬」といわれますが、この日にち薬効果は、睡眠をしっかりとることで生まれてくるのです。

また睡眠不足になると、記憶力が低下するため、学習の効果も上がらなくなっていきます。研究によると睡眠不足が続くと脳の老廃物であるアミロイドβの排せつがうまくいかなくなり、認知症発症のリスクが高まることもわかっています。

免疫力の回復および感染症やがん予防

睡眠中にはリンパ球の働きが活発になるため、体内に侵入したウイルスと戦い、感染症を予防します。そのため睡眠時間が短いほど、風邪にかかりやすくなります。

また遺伝子のミスプリントによって発生したがん細胞を淘汰してくれる働きもあるため、睡眠不足が慢性化すると、がんにも罹患しやすくなります。

食欲を調整し、肥満を予防！

睡眠不足になると脂肪細胞から食欲を抑制するレプチンというホルモンの分泌が減少し、逆に胃から分泌されるグレリンという物質が増えて食欲が亢進《こうしん》します。夜更かしをした睡眠不足の翌日には、妙にジャンクフードや炭水化物系が欲しくなるのは、そのせいです。睡眠不足が続くと痩せにくくなるばかりか、体重が増えて生活習慣病の発生率も上がってしまいます。

いかがですか？　以上、睡眠の主な効能をざっと挙げてみました。

健康維持のためにも、パフォーマンスや記憶力の向上のためにも、睡眠がいかに大切か、おわかりいただけたと思います。

もちろん、過緊張予防のためにも、良質な睡眠の確保は欠かせません。

「睡眠不足は万病のもと」と肝に銘じて、できるだけ毎日、良質な睡眠を確保するようにしましょう。

1日目の休日は、午前中は用事を入れずにしっかり眠る

睡眠不足が過緊張をはじめ、あらゆる健康に悪影響を及ぼすことがわかっていたとしても、どうしても平日は仕事や家事、育児などで睡眠が不足しがちという人も多いことでしょう。

かくいう私自身も、急ぎの仕事が入ったり、予想外に子供の世話が夜遅くまで長引いたりして、平日はどうしても睡眠が少々不足気味になってしまいます。

たくさんの仕事や役割を抱えている人は、どうしても平日に睡眠不足になりがちで、睡眠負債（睡眠の借金）をかかえてしまいやすいといえるでしょう。

睡眠負債は、できるだけ早くに返しておかないと、莫大《ばくだい》に溜まってしまってからでは容易に返済できなくなってしまい、体調不良やメンタル不調が発生しやすくなっていきます。

そこで私は平日にどうしても十分に眠れず睡眠負債が発生してしまうという人に対しては、できるだけ土曜日の午前中は予定を入れないで、しっかり眠ることをおすすめしています（土日休みの週休2日制の場合）。1日目の休日の午前中に予定を入れないことで、「明日はゆっくりできるな」と精神的なリラックス度が高まり、深い睡眠が得られやすくなります。

ただし予定がないからと夜更かししてしまい、昼近くまで寝ることは避けてください。

第3章でも書きましたが、体内時計を乱さずに睡眠負債を返していくコツは、睡眠時間のミッドポイント（就寝時間と起床時間の真ん中の時間）を2時間以上ずらさないことです（107ページ）。

例えば平日は0時に寝て午前6時に起きる人のミッドポイントは午前3時です。休日に、眠る時刻を23時に早めて、朝は9時に起きると、ミッドポイントは1時間ずれるだけで、4時間多く眠ることができます。

体内時計については本章のON活（192ページ）でも解説しましたが、人間の生体リズムを調整する司令塔ともいえる存在です。休日に昼過ぎまで寝てしまうと、体内時計が乱れてしまい、逆に自律神経系の働きが不安定になってしまいます。

無計画に寝だめしようとすると、OFF活にもON活にも逆効果となるため、休日はミッドポイントを意識して、賢く睡眠負債を解消していきましょう。

第5章

過緊張に なりやすい性格 タイプ別アドバイス

自分の性格の弱点を自覚してあらかじめ工夫することで過緊張を予防できる

5つのタイプと性格

過緊張の予防対策として、朝からのON活と夕方からのOFF活のコツを提案してきましたが、いかがだったでしょうか？

さていよいよ本書の最後となりましたが、ここでは第2章49～50ページ表2－1でチェックした過緊張になりやすい性格5タイプ別にアドバイスを記したいと思います。

第2章では、過緊張になりやすい性格として、次の5タイプに分類しました。

完璧主義タイプ

物事を細部まで、自分流に完璧に仕上げたい、仕事はもちろんのこと日常生活においても、自分の決めた目標やタスクを何がなんでもやりとげたいと、頑張ってしまう人。

真面目がんこタイプ

とにかく真面目で、組織や社会のルールをしっかりと守ろうとする。また人に迷惑をかけることが、とにかく嫌で、何がなんでも決められた任務や責任を果たそうとする人。

NOと言えない自己犠牲タイプ

とにかく人の顔色を読んでしまい自分を押し殺してしまう傾向が強い人。嫌な仕事や気の進まない依頼でもNOと言えず、ついついOKしてしまうため、内面にストレスを溜めやすい。

せっかち&負けず嫌いタイプ

働き者で、かつ負けず嫌いな人が多く、常に「何かしなくちゃ」「もっと自分を向上させなくちゃ」と仕事や勉強、家事などを詰め込んでしまい、常に時間に追われてしまう人

心配性&気疲れタイプ

いわゆる繊細で、かつ心配性な性格で、些細なことでも気になり、ネガティブな心配が広がってしまうタイプ。

長年かけて形成されてきた性格は、一朝一夕で変わらないのは、私自身も重々わかっています。

しかし自分の性格の弱点を自覚してあらかじめ工夫することで、過緊張を予防していくことは可能です。私自身も過緊張になりやすい複数の性格を併せ持っていますので、常に意識して、コントロールを心がけています。

完璧主義タイプ

手の抜きどころもマスターすればタイパも完璧

完璧主義の人は、仕事でもプライベートでも、すべて自分が満足するレベルまで100%仕上げたいと考えます。自分の設定した目標や基準に達することが最優先であるため、時には休憩・休息、気分転換の遊びなどを犠牲にしても頑張ってしまいます。また他人に任せることも苦手で、「他人に任せるより自分がやったほうが、きちんとできるし、安心できる」と考え、ついつい仕事やタスクを抱え込みがちになってしまいます。

そのため仕事やプライベートのタスクが立て込み、心身に無理を課し続けると、交感神経を緩めるためのOFF活の時間がどんどん犠牲になっていき、過緊張になってしまいやすいのです。

完璧主義の人は、「仕事を完璧に仕上げるだけではなく、睡眠や休息もきちんととり、万全な体調管理ができてこそ、本当の完璧である」と、意識を切り替えることをおすすめします。いくら仕事やタスクを完璧にやれたとしても、過緊張になって体調が崩れてしまうと、その完璧を継続することができなくなるからです。

コンスタントに質の良いパフォーマンスを長期にわたって出し続ける人は、休息や睡眠をおろそかにせず、体調管理もしっかりしています。

また「手の抜きどころ」も心得ていて、「完璧に仕上げるところ」と、「そこそこ平均的にできていればＯＫのところ」をしっかりと区別しています。つまり要領のよさと時間の使い方が完璧であるわけです。すべての仕事を１００点に仕上げるのではなく、80点、60点の仕上がりでよい仕事を、まずは意識して分類していくようにしてみましょう。

また部下を持ち管理職の立場にある人は、「部下に仕事を任せられない管理職は、評価が低い」ということも肝に銘じておきましょう。

完璧主義タイプの人は、ほどほどと完璧にすべきところを見分け、抱え込まずに人に任せられるようになるといいですね。

私は産業医業務で過重労働面談をしばしば行いますが、長時間労働が連続している人の中に、ときどき「部下に仕事を任せられない管理職」がいて問題になることがあります。人事の人が、「あの人は、部下がやった仕事もすべて1から自分で確認しないと気が済まないんですよ。彼の長時間労働を減らそうと、部下を何人増やしても、一向に残業が減らない。彼はプレーヤーとしては優秀だけど、管理職としては厳しいですねえ」とため息をついている場面に何度か出会いました。

部下の能力を把握し、仕事を適切に割りふって任せることができてこそ、管理職として完璧であると意識を変更していきましょう。

真面目がんこタイプ

周りをよく観察する

真面目がんこタイプも、完璧主義の人と似たような形で過緊張になりやすい人たちです。

完璧主義が「自分の満足度」にこだわるのに対し、真面目がんこタイプの人は「マイルール」にこだわります。とにかくルールや今までの慣習（本人にとっての常識）を強くがんこに守ろうとするため、仕事やプライベートで予想外の出来事が重なったり、周りの環境が大きく変化して慣れ親しんだルールが通用しなくなったりすると、柔軟に適応できず緊張が高まります。今までの自分のやり方で物事や関係性がスムーズに流れなくなると、リラックスできなくなり心配や不安が高じてくることでも、過緊張状態に陥りやすくなります。

またこのタイプの人は、同僚にSOSを出して手伝ってもらったり、上司にお願いして仕事内容を調整してもらったりすることを、「迷惑をかける」と考えてしまい、極度に嫌がります。自分のルールが通じなくなったり、自分の能力のキャパを超えたタスクを抱えたりしても、誰にも相談せず頑張り続けてしまうため、過緊張症状がどんどん悪化しやすくなるのです。

このタイプの人は、とにかく自分が「こだわりが強い」「融通が利きにくいがんこ者」と自覚しておくことが大切です。そして自分のやり方でうまくいかなくなってきたときには、まずは周りの人をじっと観察してください。

「周りの人は、自分とは別のやり方でやっていないか？」

「自分がこだわっているルールや方法に対し、周りの人はどのように対応しているか？」

「大多数の人が、はしょったり、大雑把にこなしたりしているところを、自分だけが丁寧にやりすぎていないか？」

周りを観察した結果、自分だけがこだわっているところが見つかったり、すでに形骸化しているルールに囚《とら》われたりしていることに気がついたら、思い切って周りと同じやり方に変更してみましょう。

「すぐに自分のやり方を変更することに抵抗を感じてしまう」、または「周りを見渡しても違いがみつからない」という場合には、率直に上司や先輩、同僚などに相談してみるとよいでしょう。

相談することは、迷惑をかけることではありません。むしろ仕事がうまく進んでいないことを周りに言わずに抱え込み、にっちもさっちもいかなくなるまで知らせないほうが、大きな迷惑に発展する危険性が高いはずです。真面目がんこタイプの社員が、仕事を抱え込んでしまったあげくに、「こんな状態になるまでに、なぜもっと早くに相談してくれなかったの?」と、大騒ぎになったケースを、産業医として何度も見聞きしてきました。

自分のこだわりは求められていないケースも

以前、産業医として、まさにこの真面目がんこタイプの社員を面談したことがあります。

部署が統廃合されて上司が変わり、今まで彼がやっていた仕事の一部も変更となったのですが、その新しい業務や体制に適応できずに不眠や胃腸障害など過緊張症状を起こしてしまった男性でした。

彼は、「新しい上司のやり方が、前の上司とは違い、逐一細かく報告を求められること」や「その報告のための資料作りが増えてしまい、仕事が終わらなくなったこと」などを切々と訴えました。

しかし面談ののち人事と上司にフィードバックを行うと、「報告は、今見せられる段階のものを見せてくれるだけでいいし、口頭でざっくり説明してくれるだけでいいと言っているのに、毎回、パワポやエクセルで作りこんだ報告書を提出してくる。そりゃ、あんな丁寧な報告書を毎回作っていたら、いくら時間があっても足りませんよ」と苦笑いされる始末。

つまり彼は以前から行っていた「報告スタイル」にこだわりすぎて、新しいやり方を取り入れようとしなかったために、キャパオーバーとなり過緊張になってしまったのです。

真面目がんこタイプの人は、自分のやり方に固執せず、ときどきは周囲を観察しましょう。変化に適応していくことも大切。

この例は真面目がんこタイプが、新しい環境とやり方に馴染《なじ》めずに不適応となった極端なケースですが、このタイプの要素を持つ人には、大なり小なり似たような傾向が存在します。日ごろから自分が融通の利きにくいがんこ者であることを意識して、できるだけ広い視野を常に持つようにすること、そして今までの自分のタイミングよりも早い段階で、しかるべき人に相談をすることを心がけていきましょう。

NOと言えない自己犠牲タイプ

自分の都合もきちんと伝えて健全なギブ&テイクを

職場やプライベートの人間関係で、「いい人」「思いやりのある人」「優しい人」と評されている人の多くが、圧倒的にこのタイプの要素を持ってます。本人も「いい人」「優しく思いやりのある人」であることを誇りとして生きているため、常に相手の顔色、周りの空気を読んで、他人の意向や要望に応えようと頑張り続けます。本当は嫌だったり気がのらなかったりしても、なかなかNOと言えない人が多く、ついつい自分を押し殺して相手の要望を受け入れてしまいストレスを溜めこみがちに。自分の気持ちを抑制しすぎて葛藤がひどくなってきたり、周りの要求に応え続けて疲弊してきたりすると、過緊張症状が発生します。

このタイプの人には、意識してギブ&テイクの人間関係を心がけることをおすすめします。

相手の要求にひとつ応えてあげたら、自分の要求もひとつ相手に伝えるように意識するのです。要求というのは、「○○してあげる代わりに○○してほしい」という代替行為の要求ではなく、「自分の気持ちやお願いを伝える」と、考えてください。

例えば上司やクライアントから急な追加仕事を頼まれてOKするのであれば、「この仕事はお引き受けしますが、他にも仕事を抱えているため、これ以上は現時点では難しいです」などと、きちんと自分の都合も伝えるようにする。

自分が何かをしようと計画していた時間に、家族から用事を頼まれて対応しなければならなくなったときには、「これから○○をしようと思っていたけど、先にそっちをするね。代わりに○時からすることにするから、そのときは用事を言わないでね」ときちんと伝えておく。

相手の要求にいつもイエスと答え続けるだけでは、「気軽に頼みやすい都合のいい人」になってしまう可能性があります。他者の気持ちばかり優先していると、「自分の意志がない人」「自分の自由になる人」と軽んじられてしまう恐れもあります。

このタイプの要素が強い人に、適正なギブ&テイクを心がけましょうとアドバイスすると、「私は損得勘定して他人に親切にしているわけではない」などと聖人君子のような面持ちで、強い拒絶反応を示す人にときどき出会います。

しかし「健全なギブ&テイク」ができていない関係性は遅かれ早かれいずれ破綻していきます。片方が我慢を強いられる人間関係は、エネルギーバランスが悪すぎて長続きしないのです。

このタイプの人がメンタル不調になり、医師である私のもとに相談に来られることがよくあります。面談の際に、このタイプの人が異口同音に訴えるのが、「私がいつも無理して対応してあげてきたのに、相手は何もわかっていない」「私の献身に対して、当たり前のように思っている。まったく感謝(評価)してくれない」という趣旨の不満です。

しかしよくよく話を聞いてみると、その人が「自分を犠牲にして相手の要望をかなえている」「やりたくないのに、無理してやっている」ことを、相手には何ひとつきちんと伝えていないのです。

どんなに親しい関係であっても相手はエスパーではないのですから、きちんと気持ちを言葉にして伝えなければ、正確に理解できません。

あなたが何も言わずにOKを出したことに対して、相手はもしかしたら「負担なく受けてくれている」「喜んでやってくれている」と勘違いしていた可能性もあります。

「健全なギブ&テイク」とは、何も「あなたが○○してくれないなら、私も○○しないからね」というオールオアナッシングの商取引ではありません。きちんと気持ちのキャッチボールができる関係性が、「健全なギブ&テイク」なのです。

I'm OK, you are OK.

自分の気持ちをきちんと伝えることが苦手な人は、「アサーション」（またはアサーティブ）という分野の実用書やビジネス書を読んで勉強されてみることをおすすめします。アサーションは、アメリカで提唱されたコミュニケーションスキルのひとつで、「相手も自分も大切にする」ことを重視したコミュニケーション法です。「あなたはOKだが、私はOKではない」「私はOKだが、あなたはOKではない」といった歪《いびつ》な人間関係を見直し、「あなたもOK、私もOK」のバランスのいい人間関係を築

NOと言えない自己犠牲タイプの人は、「ここまではできる、でもこれはできない」など、自分の気持ちやキャパをちゃんと伝えることが大事。

いていくための対人関係を目指す方法です（本書では紙幅の関係から具体的な説明は割愛します）。アサーションはすべてのタイプの人に有用な対人関係術であり、特にこのタイプの人にとっては大きなメリットがあると思います。

「NOと言えない自己犠牲タイプ」の人は、言い換えると「相手の喜ぶ顔をみると嬉しい」「感謝されるのが嬉しい」という共感性や協調性の高さが抜きんでています。自分自身を大切にする習慣が身につきネガティブ感情やストレスを溜めこまないようになれば、過緊張になりにくくなるだけでなく、よりハッピーな人間関係が築けるはずです。

せっかち&負けず嫌いタイプ

健康を害してまで頑張って自己実現しても意味はない

このタイプは基本的に勤勉で働き者の人が多く、かつ負けず嫌いです。常に「もっと頑張らなくちゃ」「もっと自分を成長させなくちゃ」とスキマ時間ができると仕事や勉強、家事などのタスクをどんどん詰め込んで、せっかちに活動し続けます。せっかちの奥底には、あくなき向上心があり、周りと常に自分を比較しては、劣っているところを改善しようと頑張ろうとします。

このタイプに該当する人たちは、怠け者の対極にいる人たちであり、リラックスや休憩時間があると、「ボーっとしていてはもったいない」と考えて、何かすることを見つけてしまうため、交感神経系の緊張が常に高くなりがちです。

自分の健康を維持できる程度の睡眠時間や休日が確保できているうちはいいのですが、仕事やプライベートで想定外の「やるべきこと」が発生して、ギリギリ確保できていたOFF時間が消失していくと、過緊張症状が発現してきます。

実は私自身も、このタイプの要素をかなり持っています。若いころはOFF活の重要性を軽視していたため、つい無理を続けては体調を壊したり、時間に追われるあまりイライラして家族に当たってしまったりと、失敗を何度か繰り返してきました。

そんな私自身が現在心がけていることは、とにかくOFF時間の重要性をしっかり頭に叩き込むこと。

「健康を害するまで、頑張って自己実現しても全く意味がない」

「タスクを詰め込んで心に余裕を失ってしまい、大切な人間関係が壊れたら本末転倒」

と自分に言い聞かせて、意識してOFF活時間を確保したり、家族や友人との時間をキープしたりするようにしています。

休息時間をあらかじめ予定に組み込んでおく

若くて体力がある人ほど、このタイプの人は体力ギリギリまで、時間ギリギリまでタスクを詰め込んで頑張ってしまいがちですが、詰め込めば詰め込むほど、時間に追われていきます。その結果、イライラしてしまったり、他者への気配りがおろそかになってしまったりすることをしっかり自覚しましょう。

「頑張っているのは、幸せになりたいからでしょ？」「今、そこまで時間に追われて、イライラしながら生活していて幸せ？」と常に自問自答し、心と身体の余裕のためにも休息時間をあらかじめタスクに組み込んで「半強制的にＯＦＦ活時間を設定」してしまうのもいいでしょう。

ちなみに私自身は、どうしても必要な緊急対応が入らない限りは、昼休憩を必ず1時間は死守するように、あらかじめスケジューリングしています。また夕食後は必ず家族とだんらんの時間をとれるように心がけ、仕事関係の連絡や書類は見ないように遠ざけています。

休日の初日である土曜日の午前中は予定を入れないようにして、しっかり睡眠をとることと、ゆったりしたリラックス時間を心がけるようにしています。

予定表にあらかじめ「休憩時間」「午前までリラックス時間」などと書き入れておき、予定を入れたくなっても書き込めないようにしてブロックしておくことも忘れません。

こんなふうにOFF活時間を日々しっかり意識して、半強制的にスケジューリングするようにして以来、心にも身体にも無理をかけることが減りましたし、周りの人間関係もより安定するようになりました。

せっかち&負けず嫌いタイプの人は、昼食はデスクを離れて休憩しませんか。休日も予定を入れすぎず、睡眠とリラックス時間を確保。

心配性&気疲れタイプ

気にしすぎる性格は工夫次第で緩和できる

心配性&気疲れタイプの人は一般的にネガティブな物事に対しての感受性が強く、ふと目にしたニュースや他愛のない周りの人の会話から、つい心配の種が生じ、その種をどんどん成長させてしまい、不安が高じて落ち着かなくなります。

例えばコップに半分しか水がないのをみて、楽観的な人は「まだ半分も水がある」という思考をしがちですが、このタイプの人は、「もう半分しか水がない」「もし足りなくなったらどうしよう」などととらえて、どんどん心配になっていくのです。

またネガティブな事象に感受性が高いことから、「他人にどう思われているか」「どう評価されているか」が気になりやすく、ちょっと気になる他者の言動をキャッチすると、悪い方向にとらえてしまいやすく不安や警戒心が湧いてきます。

例えば上司から些細なことを注意されただけで、「できない人と思われたのでは？」「評価を下げられるのではないか？」などと、不安になってくる。

プライベートでも、知人からメールやラインの返信がすぐにこないと、「嫌われたのかな」「何か怒らせたんじゃないか」などと、気になって疲れてしまう。

……なんてこともしばしば起こったりします。

実はかくいう私自身も、かなり心配性で気疲れしやすいタイプです。仕事やプライベートで心配事が生じてしまうと、常に気になってしまいますし、解決が長引くと不安が高じて不眠傾向に陥ります。

ポジティブシンキングや認知行動療法の本などもかなり読んで実践してみましたが、心配性で気にしすぎる性格は、なかなか根本からは変わりません。しかし工夫次第では、心配症で気疲れしやすい特性を、いくらか緩和してマシにすることは可能です。

私自身が実行して効果があったと思うことをご紹介しますので、参考にしてみてください。

どうなるかわからない未来を心配していることを自覚しよう

まずは、心配や不安が生じたときに、自分が「まだどうなるかわからない未来のこと」に対して、心配したり不安に思ったりしていることを自覚します。

心配や不安というのは、「今ここ」で起こっていることではなく、ほとんどの場合が「これから未来に起こるかもしれない悪いことや嫌なこと」を想像して、生じているネガティブな感情です。

しかも自分は、あえて「良い未来」は考えずに、「悪い未来」を想像していることも、改めて自覚します。

その二つが自覚できたら、今度は逆に「良い未来」を、具体的に想像してみます。

心配していたことが起こらずに、何事もなかった穏やかな未来も意図的に想像してみるのです。

例えば友達からのメールの返信がこなくて不安になっているのであれば、「今は何か取り込み中で忙しくて返信がこないだけで、明日か明後日にでも、ひょっこり返してくるかも？」と考え、返信が返ってきたときの状況を想像してみます。「やっぱりね」と胸をなでおろしている自分。「この人、相変わらず返事が遅いわねえ」と苦笑いしている自分などをイメージしてみるのです。

「明日のプレゼンを失敗してしまったらどうしよう」と不安で落ち着かないのであれば、「プレゼンが首尾よく成功して、ほっと一息ついて同僚と談笑している自分」や「自宅に帰って、のんびりテレビを見ている自分」などをイメージしてみます。

心配性タイプの人は、こうした良い未来を想像してみても、そのあとからすぐに「いやいや、こんな都合よくいく保障はどこにもない」と、再び悪い未来のイメージがムクムクと湧きあがってくるでしょう。それでもOKです。一度だけでも、良い未来に心を馳せたことで、「悪い未来が100％実現するわけではない」ことを意識化できたため、少し落ち着きや余裕を感じやすくなります。

今できることを適切に行う

それと同時に「心配している未来」に対して、「今ここで、できること」があれば、できるだけやってしまいます。ただし睡眠と食事は絶対に犠牲にしないようにすることが条件です。明日の商談やプレゼンが不安ならば、漏れがないかどうかできるかぎり見直してみる。予行演習してみる。災害のニュースをみて不安に感じて落ち着かないのであれば、災害対策グッズをネットで検索して頼んでみるなど。詳細は、第3章の「その2　現状では、どうしようもできないストレス」の項に書いた、「自分が「今ここ」でできる対策は、すべてやってみる」（169〜176ページ）を参考にしてください。

そして、やるべきことをやったあとは、できるだけさっさと寝ます。しっかり眠らないと、次の日は余計にネガティブ感情が湧きやすくなってしまいますから、良質な睡眠をたっぷりとるように心がけます。

心配性&気疲れタイプの特性は、実は裏返せば「慎重かつ用心深い」と言い換えることができます。この特性は重責を担う仕事や安全を第一とする仕事をしている人にとっては、とても大切な特性であり、実際に慎重さや用心深さが功を奏して成果を上げていることも多いはずです。この特性を自覚して、過剰な心配や気疲れによって過緊張にならないように上手にコントロールしていけば、ミスの少ない堅実かつ安定し

心配性&気疲れタイプの人は、人は人の都合で動くこと、未来は容易に変化することを心得て。何もかもがあなたの責任ではありません。

た生活が送れます。

以上、過緊張になりやすいタイプ別に、私からのワンポイント・アドバイスを提案してみました。おそらく多くの人が、複数のタイプを併せ持っていると思います。自分のタイプをまずはしっかり自覚して、アドバイスを参考にしつつ、あなたなりの対策を見つけていってください。

おわりに

本書をお読みいただき、ありがとうございました。

私は長年精神科医として活動してきましたが、約12年前から、産業医としての活動も始めました。そして、さまざまな職種の会社で過緊張に悩むビジネスパーソンに数多く出会ってきました。

過緊張は心と身体からのイエローサインです。早めに気づいて正しく対処すれば、医療にかかることなくセルフケアで改善していくことが可能です。

しかし過緊張の知識がないためにサインに気づけなかったり、不調を感じても適切なセルフケア法がわからなかったりして、過緊張症状が悪化してしまい休職を余儀なくされてしまう人が何人もいました。

私自身が過緊張になりやすい性質を持ち、過緊張症状をよく自覚することからも、一人でも多くのビジネスパーソンに過緊張についての知識とセルフケアの手法をお伝えしたいと常々思っていたところ、編集者の水原敦子さんから「過緊張をテーマに本を書いてほしい」と依頼をいただきました。

過緊張については、これまで自著の一部やビジネス誌の連載などで執筆した経験はありましたが、一冊まるまる過緊張についての本を書くのは初めてでしたので、うまくまとめられるか大いに不安ではありました。

しかし書き始めると、意外なことに、「あれも伝えたい、これも話したい」という内容が次々と出てきて、想定外のボリュームになってしまいました。

本書に書いた内容は、最先端の珍しい医療情報ではありませんが、ストレス社会で働く老若男女の皆様に、ぜひ知っていただきたい「基本のき」となる過緊張のセルフケアの知識と、その実践方法を網羅しています。

健康に興味が高い人ならば、「知っていることが多い」と感じるかもしれませんが、「知っている」ことを、そのまま「実践できている」人は少ないのではないでしょうか？

本書では、あくまでも「実践」にこだわって、机上の理想論とならないように心がけながら執筆しました。

ぜひ本書を参考に、過緊張ケアのための行動や習慣を、どんどん増やしていただきたいと思います。

あなたの最良のパフォーマンスをコンスタントに発揮しながら末永く働いていただくために、そして仕事だけでなくプライベートの生活も豊かに健やかに楽しんでいただくために、本書をお役立ていただけると幸いです。

2024年冬晴れの東京にて

奥田弘美

著者プロフィール

奥田弘美（おくだ・ひろみ）

精神科医（精神保健指定医）
産業医（労働衛生コンサルタント）
執筆家
株式会社朗らかLabo代表取締役
1992年山口大学医学部卒業。
精神科医としては約30年間、産業医としては約12年間のキャリアを持ち、現在も首都圏のクリニックでの診療や、約15か所の企業の産業医として、老若男女の心と身体の健康を日々サポートし続けている。
「メンタルヘルス」「心と体のケア」「より良い生き方」などをテーマに、執筆活動も行っており、著作は20冊以上。
近著『「会社がしんどい」をなくす本 いやなストレスに負けず心地よく働く処方箋』（日経BP）、『心に折り合いをつけて うまいことやる習慣』『不安と折り合いをつけて うまいこと老いる生き方』（中村恒子との共著・すばる舎）は、いずれもベストセラーとなり、中国や台湾などでも翻訳出版されている。

ブックデザイン／田村 梓(ten-bin)

カバーと本文イラスト／たかまつかなえ

校正／永田和恵(株式会社剣筆舎)

DTP／株式会社キャップス

プロデュース／水原敦子

それ、すべて過緊張です。

2025年2月26日　初版発行
2025年6月14日　6刷発行

著者　奥田 弘美
発行者　太田 宏
発行所　フォレスト出版株式会社
〒162-0824
東京都新宿区揚場町2-18 白宝ビル7F
電話　03-5229-5750(営業)
03-5229-5757(編集)
URL　http://www.forestpub.co.jp/
印刷・製本　中央精版印刷株式会社

ISBN978-4-86680-310-4 Printed in Japan

『それ、すべて過緊張です。』

購入者特典プレゼント

PDF

過緊張ケアに活用したい マインドフルネス瞑想

- 深呼吸瞑想
- 歩行瞑想（ウォーキング瞑想）
- 食事瞑想（マインドフルネス・イーティング）
- 自分を温める瞑想（奥田流ボディスキャン瞑想）

本書をお読みになり、できることから始めてみると、少しずつ過緊張が緩和されてくることを実感されたのではないでしょうか。

さらに、マインドフルネス瞑想にも詳しい著者・奥田弘美氏より、忙しい日常でもできるマインドフルネス瞑想4選を教えていただきました。

ぜひPDFをダウンロードしてみてください。改めて時間をとらなくても、日常のなかでできる瞑想です。

少しでも仕事のことが頭から離れて、心静かな時間を持ってもらえたら幸いです。

＊特典はWeb上で公開するものであり、小冊子、CD、DVDなどをお配りするものではありません。
＊上記特別プレゼントのご提供は予告なく終了する場合がございます。あらかじめご了承ください。

特典を入手するには
こちらからアクセスしてください。

▶▶ https://frstp.jp/kakincho